漫话风筝

中国俗文化丛书

丛书主编 高占祥

于培杰 著

山东教育出版社

U0745474

图书在版编目(CIP)数据

漫话风筝 /于培杰著. —济南：山东教育出版社，
2016
（中国俗文化丛书/高占祥主编）
ISBN 978－7－5328－9306－5

Ⅰ.①漫… Ⅱ.①于… Ⅲ.①风筝—文化—中国
Ⅳ.①G898.1

中国版本图书馆 CIP 数据核字(2016)第 052108 号

中国俗文化丛书　　　　　　高占祥　主编
漫话风筝　　　　　　　　　于培杰　著

出 版 人：刘东杰
出版发行：山东教育出版社
　　　　　（济南市纬一路 321 号　邮编：250001）
电　　话：(0531)82092664　传真：(0531)82092625
网　　址：www.sjs.com.cn
发 行 者：山东教育出版社
印　　刷：山东临沂新华印刷物流集团有限责任公司
版　　次：2017 年 2 月第 1 版第 1 次印刷
规　　格：787mm×1092mm　32 开本
印　　张：7.875 印张
印　　数：1—3000
插　　页：4 插页
字　　数：110 千字
书　　号：ISBN 978－7－5328－9306－5
定　　价：20.00 元

（如印装质量有问题，请与印刷厂联系调换）
印厂电话：0539－2925659

图1 硬翅风筝 包拯

图2 硬翅风筝 仙童骑虎

图3 软翅风筝 仙鹤童子

图4 软翅风筝 凤凰

图5
软翅风筝 黄鹂鸟

图6
软翅风筝　蜻蜓

图7
软翅风筝　鬼背仙人

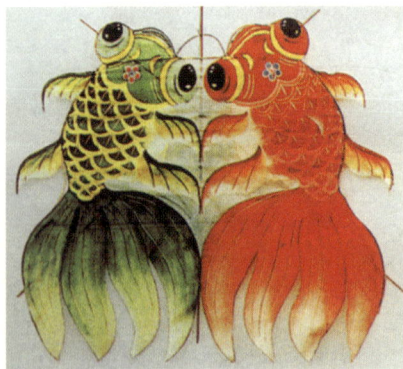

图8　软翅风筝　双鱼

图9　板子类　二县官

图11　立体风筝　仿
景泰蓝八仙瓶

图10　板子类　双鱼戏莲

图12
立体风筝　二龙戏珠

图13
微型软翅风筝　蝉

图14 外国风筝

图15 风筝舞

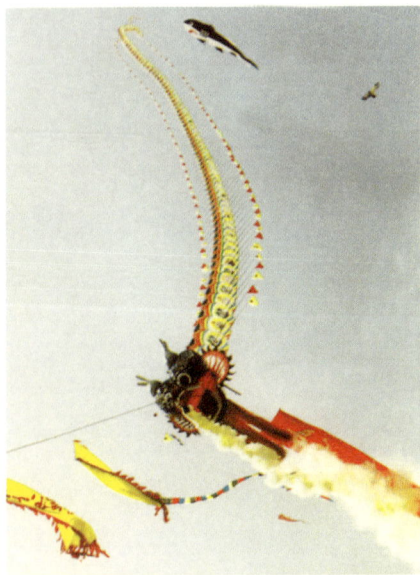

图16
第14届潍坊国际风筝
节放飞空中一景

中国俗文化丛书

主　　编：高占祥
执行主编：于占德
副 主 编：于培杰
　　　　　叶　涛
　　　　　刘德增

序

在中华民族光辉而悠久的历史传统文化中，俗文化占有十分重要的地位。它不仅是雅文化不可缺少的伴侣，而且具有自身独立的社会价值。它在中华民族的发展历程中，与雅文化一起描绘着中华民族的形象，铸造着中华民族的灵魂。而在其表现形态上，俗文化则更显露出新鲜、明朗、生动、活跃的气质。它像一面镜子，折射出一个民族、一个地区的风土人情和生活百态。从这个角度看，进一步挖掘、整理和发扬俗文化是文化建设的一项战略任务。

俗文化，俗而不厌，雅美而宜人。不论是具体可感的器物，还是抽象的礼俗，读者都可以从中看出，千百年来，我们的祖先是在怎样的匠心独运中创造出如此灿烂的文化。我们好像触到了他们纯正的品格，听到了他们润物的声情，看到了他们精湛的技艺。他们那巧夺天工的种种创造，对今人是一种启迪；他们那健康而奇妙的审美追求，对后人是一种熏陶。我们不但可从这辉煌的民族文化中窥见自己的过去，而且可以从中展望美好的明天。

俗文化，无处不在，丰富而多彩。中华民族历史悠久，地大物博，人口众多，在长期的生活积淀中，许多行为，众多器物，约定俗成，精益求精，形成系列，构成体系，展示出丰厚的文化氛围。如饮食、礼俗、游艺、婚丧、服饰、教育、艺术、房舍、风情、驯化、意趣、收藏、养生、烹饪、交往、生育、家谱、陵墓、家具、陈设、食具、石艺、玉器、印玺、鱼艺、鸟艺、虫艺、镜子、扇子等等，都是俗文化涉及的范围。诚然，在诸多领域里，雅俗难辨，常常是你中有我，我中有你，彼此交叉，共融一体；有的则是先俗而后雅。

俗文化，古而不老，历久而弥新。它在人们的身边，在人们的生活中，无时无刻不影响人们的思想、观念和情趣。总结俗文化，剔除其糟粕，吸收其精华，对发扬民族精神，增强民族自信心，提高和丰富人民生活，都具有不可忽视的意义。世界文化是由五彩斑斓的民族文化汇成的，从这个意义上讲，愈是民族的，就愈是世界的。因此，我们总结自己的民俗文化，可以说是在构建世界文化的桥梁。这是发展的要求，时代的召唤。

这便是我们编纂出版这套《中国俗文化丛书》的宗旨。

目录

导　言

天空，因其广袤博大而成为人类崇拜和敬仰的对象，也因其高远缥缈、不可企及而留给人们长久的神秘感，同时，也启动了人们无穷的想象力。

屈原的《天问》固然可以视为一代圣哲独特的思考，然而这一天才的诗章却呼喊出人类探索宇宙奥秘的普遍的渴望心理。

九天之际，安放安属？隅隈（wēi）多有，谁知其数？天何所沓？十二焉分？日月安属？列星安陈？出自汤（yáng，旸）谷，次于蒙汜（sì），自明及晦，所行几里？

九重高天的边际，安放在哪里？与何物连接？天边到底有多少角落和弯曲？天与地在哪里会合？十二辰是根据什么来划分的？太阳和月亮怎样附着在天上？群星为什么罗列成这样？太阳早晨从汤谷走出，晚上歇息在蒙汜，从天明到天黑，一共走了多少里？

诸如此类的疑问困扰着人们，人们自然而然地萌生出像禽鸟一样腾跃而上、直达天庭的动机。

到天空去，领略其雄姿，探寻其奥秘！

为此，人类不但在精神世界里创造了诸神和飞龙，而且也在物质世界里做出种种努力。

终于，人类发明了风筝。一根长线，将人类与天界相勾连。

勾连人与天的风筝诞生在中国。

"毫无疑问，中国是风筝的发源地。"日本学者新坂和男如是说。英国学者克利·哈特在《风筝史》一书中也作了同样的论断。著名英国学者李约瑟在《中国科学技术史》一书中也指出，风筝是中国人的发明。美国华盛顿的史密斯宇航博物馆的大厅里，说明牌上写着："人类最早的飞行器是中国的风筝和火箭。"由美国著名作家比尔斯尔克编剧、由美国汤普森电影公司摄制的科教影片《翼的探索》中专门介绍了中国风筝。影片中说："最早的中国风筝是人类观察动物飞行所发明的第一个成功的飞行器","在莱特兄弟实现动力飞行的探索中，风筝的实验给了他们启发"。

风筝发明后，人们曾用它来传递信息、运送火药、研究气象、组成军事防线。今天，飞机、卫星、宇宙飞船、无线电系统等早已替代了风筝的种种实用功能，但风筝在人们心目中的地位却并没有因此而消减，它以其特殊的娱乐作用和审美享受博得了世界人民的广泛喜爱。

艳丽的色彩、优美的造型、放飞到高空中的翩翩舞姿，足以使人们沉迷陶醉、心旷神怡、获得无穷的乐趣。

潍坊等地连年举办的风筝会，又使风筝跃身而成为世界人民的友好使者。

让风筝飞得更高更远些吧！

一、风筝的源流

（一）风筝起源诸说

风筝的发源地在中国，这一点似乎已经没有人怀疑了。但风筝起源于何时？它是受了何种现象的启发而创造的？对于这类提问，却是众说纷纭，莫衷一是。较有影响的说法大约有以下几种：

一种意见认为，风筝起源于先秦时代，它的早期形式是木鸢。持这一意见的是曹雪芹，他在《南鹞北鸢考工志》① 中写道：

> 观夫史籍所载，风鸢之由来久矣，可征者实寡，非

---

① 《南鹞北鸢考工志》是否为曹雪芹所作，学术界尚有争议。

所详也；惟墨子作木鸢，三年而飞之说，或无疑焉。盖将用之负人载物，超险阻而飞达，越川泽而空递，所以辅舆马之不能，补舟楫之不逮者也。揆其初衷，殆欲利人，非以助暴；夫子非攻，故其法卒无所传。

在这段话中，曹雪芹指明了五点内容：其一，风鸢（即风筝）起源于春秋时代就已经出现的木鸢；其二，木鸢的发明者是墨子；其三，木鸢的功利价值在于弥补舆马舟楫在交通运输方面的不足；其四，制作木鸢的最初动机，乃是为了造福人类，而不是助长邪恶势力来危害百姓；其五，由于墨子"非攻"，即反对将木鸢当作武器使用，因此没有把这项技术传给后人。曹雪芹的议论对于我们研究风筝的起源，无疑具有重要的参考价值。目前学界许多人认为风筝源于木鸢，有人甚至从《诗经》中找到了佐证，认为《小雅·四月》中的"匪鹑匪鸢，翰飞戾天"、《小雅·小宛》中的"宛彼鸣鸠，翰飞戾天"等诗句都是对木鸢的描写。

那么，木鸢到底是谁发明的呢？

《韩非子·外储说左上》载："墨子为木鸢，三年而成，蜚一日而败。"《列子》中也说："夫班输①之云梯，墨翟之飞鸢，自谓能之极也。"上面引的曹雪芹的一段话，也认为木鸢为墨子所创。但《墨子·鲁问》中却说："公输子②削竹木以为鹊，成而飞之，三日不下，公输子自以为至巧。"近年出版的《中国大百科全书·航空航天》③ 中也说："鲁班制作木鸟……说明古代中国人民已想到利用空气浮力和空气动力升空飞行。"有人还认为，墨子曾批评木鸢的发明不算大巧，认为木鸢还不如削三寸之木做个车辖，可载重六百斤，他自己绝不可能花三年功夫制作木鸢的。

另一种意见认为，韩信是风筝的发明者。宋人高承在《事物纪原》中说：

> 俗谓之风筝，古今相传，云是韩信所作。高祖之征陈豨也，信谋从中起，故作纸鸢放之，以量未央宫远近，欲以穿地隧入宫中也。盖昔传如此，理或然矣。

清人笔记中还说：韩信围困项羽于垓下之际，制造了一

---

① 班输，即公输般，生于春秋时代。般与班同音，故又作公输班；又因是鲁国人，故世人称之为鲁班。

② 公输子，即公输班。

③ 中国大百科全书总编辑委员会编. 中国大百科全书·航空、航天·北京：中国大百科全书出版社，1998.

个牛皮大风筝，载善吹笛者飞临楚军上空，吹奏思乡之曲，呜咽悲切；楚军闻笛声后皆泣涕哀伤，无心再战，乃弃甲丢戈，尽皆散去。

第三种意见认为风筝发明于南北朝时期。20世纪30年代，王健吾、金铁盦在《风筝谱》一书中明确指出："此物在最先当名为纸鸱，其创制犹远在梁武帝时。"

《南史·贼臣传·侯景传》记载了简文帝放风筝求援军之事。其背景是：南朝梁太清三年（公元549年），侯景叛乱，包围了京都建康（今南京），攻破了外城，梁简文帝萧纲和文武百官均被困于台城内，与城外援军隔断了音讯。《南史》写道：

> 贼之始至，城中才得固守，平荡之事，期望援军。
> 既而中外断绝，有羊车儿献计，作纸鸦，系以长绳，藏敕于中。简文出太极殿前，因西北风而放，冀得书达。群贼骇之，谓是厌胜①之术，又射下之。其危急如此。

唐人李冗在《独异志》中写道：

> 梁武帝太清三年，侯景反，围台城，远近不通。简文与太子大器为计，缚鸢飞空，告急于外。侯景谋臣谓

---

① 厌胜，又称"压胜"，古代方士的一种巫术，以诅咒来制服人或物。

景曰："此必厌胜术，不然即事达人。"令左右善射者射
之。及堕，皆化为禽鸟飞去，不知所在。

唐人丁用晦在《芝田录》中亦有记述：

> 侯景逼台城，梁武帝计无所出，有小儿献策，以纸
> 鸢系诏书，因风纵之，冀有外援。鸢飞数十，援卒不至，
> 台城遂陷。

宋人高承《事物纪原》中说：

> 梁太清中，侯景攻台城，内外断绝。羊侃教小儿作
> 纸鸢，藏诏于中，简文帝出太极殿前，因西北风放之，
> 冀得达援军。援军贼谓是厌胜，又射下之。

《资治通鉴》也记载了这件事：

> 高州刺史李迁仁、天门太守樊文皎，将援兵万余人
> 至城外。台城与援军信息已绝。有羊车儿献策，作纸鸱
> 系以长绳，写敕于内，放以从风，冀达众军，题云："得
> 鸱送援军，赏银百两。"太子自出太极殿前乘西北风纵
> 之。贼怪之，以为厌胜，射而下之。

第四种说法认为风筝的发明者是五代的李邺。明代陈沂
在《询刍录·风筝》中写道：

> 五代李邺于宫中作纸鸢，引线乘风戏。后于鸢首，

以竹为笛，使风入竹，如鸣筝，故名风筝。

《五代史》中也提到了李邺放风筝的事：

> 时天下旱蝗，黄河决溢，京师大风拔木……而帝
> （指五代汉隐帝）与业（指李业，亦即李邺）及聂文进、
> 后赞、郭允明等狎昵，多为瘦语相诮戏，放纸鸢于宫中。
> 太后数以灾异戒，帝不听。

明人郎瑛曾反驳风筝为韩信所造、羊车儿放纸鸢求援的说法，认为均不足信，并断言风筝"为李业所造无疑"。近人徐珂在《清稗类钞》中也说："风筝，纸鸢也，五代时，李邺于宫中作纸鸢。"

木鸢何以能飞上天空？

《韩非子》《墨子》对此均未详述。倘若木鸢是以线牵制、利用风力而升空，那么它本身就是风筝，只不过名称和材料与今天相异罢了。不过，唐代段成式在《酉阳杂俎》中根据史料提到："六国时，公输般亦为木鸢以窥宋城。"《太平御览》中则提到："张衡尝作木鸟，假以羽翮，腹中施机，能飞数里。"从这些记载看，所谓"木鸢""木鸟"乃是一种靠机械装置升空的飞行器，与我们所说的风筝并不是一回事。有人将二者表述为"扑翼飞行器"与"定翼飞行器"之别，是有

道理的,从木鸢和风筝的飞升原理来看,并不相同。倘按此思路考察,则木鸢一类器物不是风筝,而只是风筝的前身,或者只是对风筝的发明产生过某种启迪作用而已。

(二)对上述诸说的评析

对关于风筝起源的几种说法,应从历史的、逻辑的双重角度做出分析。

先看第一种说法。关于木鸢,韩非子说是墨子所造,墨子说是公输般为之,似有些相互矛盾。然而,认真思索一下,就有理由认为:两种记载都有可信的成分。墨子初次尝试,故花费了三年的时间,结果只飞了一天就坠落了;公输般是墨子的学生,后来者居上,技术上有所改进,其木鸢就更善飞了。就是说,墨子和公输般都制造过木鸢,这种可能性是完全存在的。韩非子和墨子在自己的著作中记述他们自己所处时代的事迹,这本身就具有颇大程度的可靠性。不可否认,墨子的记载中含有夸张的成分,说公输般的木鸢"三日不下",这是当时的科学技术水平所不可能达到的。难怪汉代王充对此提出质疑,他在《论衡·儒增》中说:"儒书称鲁般、墨子之巧,刻木为鸢,飞之三日而不集。夫言其以木为鸢,飞之，可也；言其三日不集，增之也。"王充认为制作木鸢而飞是可信的，飞的时间长达三日却是言过其实。

有人认为墨子既然批评过制作木鸢之举，就不可能花费三年功夫去制造木鸢，其实并不尽然。诚然，墨子确实有过此种议论，上文所引的《墨子·鲁问》的话之后，就有这样一段文字：

> 子墨子谓公输子曰："子之为鹊也，不如匠之为辖（古代车上的零件），须臾斫三寸之木，而任五十石之重，故所为功，利于人谓之巧，不利于人谓之拙。"

上文所引《韩非子·外储说左上》的话之后也有一段文字：

> 弟子曰："先生之巧，至能使木鸢飞。"墨子曰："吾不如为车輗（ní，大车车杠前端与车衡相衔接的部分）者巧也，用咫尺之木，不费一朝之事，而引三十石之任，致远力多，久于岁数。今我为鸢，三年成，蜚一日而败。"

这两段话，言辞十分相近，都批评木鸢不能致用，还不如车上的承重部件。既然木鸢无用，墨子决不会花费三年时间去制作它。这种判断似有一定道理，然而却难以作为结论。墨子制木鸢之初，未尝没想到它的功用，上面所引曹雪芹的话中，就指出"揆其初衷，殆欲利人"；然而仅仅送木鸢升天就耗费了三年的精力，更不必说运送物件的功能了。这一实践活动显然未取得预期的理想效果，因而促使墨子做出反思，认为复杂的木鸢反不如车上简单的部件更有功利价值。这样解释是完全合乎逻辑的，与墨子的一贯主张并不相悖。历史上许多伟大的科学家都经历过失败，而墨子毕竟在一定程度上获得了成功。

顺便说一下，前面提到有人断定《诗经》中的某些诗句是描写木鸢的，这恐怕含有较多的臆测成分。《小雅·四月》是一首抒发行役之苦和忧世之情的诗，"匪鹑匪鸢，翰飞戾天；匪鳣（zhān）匪鲔（wěi），潜逃于渊"，是写人为行役所羁，竟然不如鹑鹑和鹰可以高飞到天空，也不如鲤鱼和鲟鱼可以深潜到水底。倘若将前两句解释为木鸢，就与全诗的内容不相统一了；况且，把"翰飞戾天"讲成木鸢这样的实物，那么，与之对应的"潜逃于渊"又是指哪一种实物呢？《小雅·小宛》与木鸢就更无关系，"宛彼鸣鸠，翰飞戾天"是开头的起兴句，直接写小小的斑鸠鸟高飞到天上；下面第三段开头"中原有菽，庶民采之"，是直接以豆苗为起兴；第四段开头是"题（dì，视）彼脊令，载飞载鸣"意思是看那鹡鸰鸟，边飞边叫；第五段开头"交交桑扈，率（沿着）场啄粟"，意思是小小的桑扈鸟，在谷场上啄黄粟吃。鸣鸠、菽、脊令、桑扈都是大自然中存在的生物，用来作为各段落的起兴，是顺理成章而协调统一的，倘若单独将"鸣鸠"讲成人造木鸢，就使人觉得疙疙瘩瘩、不伦不类了。

显然，以《诗经》的上述两例来证明春秋时代有了木鸢，是牵强附会的。

接下来的问题是，木鸢是怎样升空的？我们知道，现代飞机克服地心引力而升天，一要靠强大的能源，二要靠高硬度轻质材料。而春秋时代的所谓木鸢，其机械装置只能取用木、青铜一类较为沉重的材料，木鸢本身和机械装置加在一起，必定是相当沉重的，倘若没有巨大的动力，木鸢根本无法脱离地面。而春秋时代机械装置的运转能力不可能满足这一要求。

因此，我们有理由断言，木鸢只能靠外力而升空。

让我们观察一下今日的孩童是如何将自己制作的飞机模型送到空中的。他们在机身下方安一个小小的铁钩，钩住弹弓的橡皮带，然后，将弹弓拉紧，一松手，"嗖"的一声，飞机模型就升空了，飞机模型在空中靠拧紧了而后松动的螺旋桨飞行片刻，直到螺旋桨完全松开停止旋转，模型便开始滑翔降落。据此，我们可以大胆地设想，春秋时代的木鸢是靠强弓射到空中的，可能是多弓齐发；升空后，靠机械装置推进，也靠空气浮力做滑翔运动；倘若将船舵的原理应用于木鸢，使其尾与身构成一定角度，则木鸢还可在空中盘旋不已，那场面必定是相当壮观的。

木鸢不完全靠机械装置而须在相当程度上依靠空气的浮力，来维持自身在空中的停留时间，这一事实足以启迪风筝的发明，因此我们有理由认为它是风筝的前身。

那么，木鸢何时有可能利用自身的机械装置升上天空呢？

要回答这个问题，不但要根据史料的记载，还要将科学技术发展的历史轨迹作为背景和参照系，进行合乎逻辑的判断和分析。

先看关于王莽观看人造鸟试飞的一段记载。

王莽天凤六年（公元 19 年）春，社会矛盾加剧，农民起义此起彼伏，匈奴不断入侵。王莽招募天下男丁及罪囚充当士卒，又大敛钱财，保养军马。同时，广招有奇术者，以备攻匈奴。这时，报名者上万人，《汉书·王莽传》写道：

> 或言能度水不用舟楫，连马接骑，济百万师；或言不持斗粮，服食药物，三军不饥；或言能飞，一日千里，可窥匈奴。莽辄试之，取大鸟翮（hé，鸟羽的茎）为两翼，

头与身皆着毛，通引环纽，飞数百步堕。莽知其不可用。

这段记载，比《韩非子》《墨子》描述的要详细得多，至少有四个方面的信息值得我们注意。其一，"通引环纽"，指明了这种飞行器设有机械装置。其二，飞行器"取大鸟翮为两翼，头与身皆着毛"，翮与毛都是重量很轻的材料，从力学原理看，是符合飞行功能需要的。其三，制造这种飞行器，是为了达到"可窥匈奴"的目的，因而是一种载人飞行器。其四，飞行器在设计上和技术上都很不成熟，当众试验的结果是"飞数百步堕"，对于原来所设想的军事功能而言，是失败的，故"莽知其不可用"。

但这位无名氏的飞行器毕竟飞了数百步，这是人类航空史上的一件了不起的大事。那么，飞行器是以什么为动力而起飞的呢？

翮与毛质轻而蓬松，下落时能获得较大的空气浮力，但前进时却会碰到较大的阻力，这种材料显然不适于制作定翼飞行器，而用在扑翼飞行器上却能收到理想的效果。因此，这架飞行器极可能是靠扇扑两翼而起飞的。由于它是载人的，在动能不足的情况下，人就不可能仅仅是一个消极的被载物体，发明者肯定会想到人自身这个动力来源的。据此，我们有理由推测，王莽时期的这位飞行器的发明者，是运用人的肢体运动，通过"环纽"完成能量转换，然后牵引飞行器的两翼完成扇扑动作而起飞的，也就是说，它是靠人力和机械装置两方面的因素升空的。

过了一百多年，张衡也制作了一架飞行器，《太平御览卷七五二·工艺部九》载："文士传曰：'张衡尝作木鸟，假以羽翮，腹中施机，能飞数里。'"这段文字并不比《汉书·王莽传》中的记载更详细，从"假以羽翮，腹中施机"的交代来看，飞行器的材料和构造与前者有些相近，但二者略有不同。关于张衡的这段记载没有提到载人，而且交代了"施机"的位置在"腹中"（倘若是载人木鸟，则"腹中"的位置必然被人占领）。因此，张衡的木鸟极可能是单纯靠机械装置而飞升的。

这一推测的得出，还依赖于类比性的佐证，那就是当时的科技发展水平。公元 132 年，张衡制造了举世闻名的浑天仪和侯风地动仪。倘若我们以这两项高精密度的科学仪器为参照物，那么上面的推测就有了更为扎实的依据。

我们再来看第二种说法。关于韩信用风筝载吹笛者的记载，其虚妄性是显而易见的。有人已经指出："且不说古代，今日要制一个载人风筝，顺利而上，安全而降，又谈何容易！"① 退一步讲，风筝的安全系数如此之小，即使真的有人载于其上，恐怕也是心惊胆战，哪里顾得上吹奏什么"思乡之曲"？至于说韩信"作纸鸢放之，以量未央宫远近"，要从两方面看。一方面，无论是历史记载还是考古资料，都不能证明韩信那个时代已经发明了纸，既然当时人们还不懂得造纸，韩信何以能制造"纸鸢"？这是记载中的漏洞。另一方面，如果我们暂不考虑"纸鸢"这一细节上的失误，那么，利用风筝测量未央宫远近就带有较大的可能性。明代郎瑛反驳这一记载的理由是："线之高下，岂可计地之远近？"其实，郎瑛疏忽了，我国早在先秦时期就提出了勾股定理，那么，知道了风筝线的长度和倾斜角度，利用勾股定理，就能很准确地计算出未央宫的远近。当然，这个故事仅仅具有可能性，它毕竟不见于《史记》《汉书》一类正史，不能当作已然的事实。

《南史》中所说放纸鸦求援军之事，无疑是非常重要的记载，这是关于中国风筝最早的文字资料，《南史》还提供了事

---

① 《民俗研究》1990 年第 1 期郭伯南文。

件发生的具体时间，即梁太清三年正月十三日，公历为549年2月25日。对这一记载，郎瑛也作了反驳，认为"放之而纸鸢之坠，又何必在于援军之地耶？"这种诘问是没有道理的，《南史》中分明交代了"因西北风而放"，并非毫无目的地乱放，只要风筝线的长度大致准确，落于援军之地的概率是很大的；况且，唐人丁用晦在《芝田录》中提到，当时放出的风筝有数十只，落入援军之地的可能性就更大了；退一步说，即使没落入援军之手，也有被人送到援军那里的希望，因为敕中写明"得鸱送援军，赏银百两"。对于处于危难境地的人来说，任何可能带来获救效果的办法都会做出尝试的。因此，这一史料是完全可信的。

然而，我们不能把羊车儿或简文帝当作风筝的发明者，危难之际创造风筝，而且放飞一次成功，这显然不合逻辑。风筝的发明必定在此之前，羊车儿或简文帝只不过利用了别人早已发明的风筝而已。

至于把李邺视为风筝的发明者，这与我们已掌握的资料更加相去甚远。《询刍录》《五代史》中所记李邺等放纸鸢于宫中以为娱乐的事是可信的，但仍像梁简文帝一样，李邺只不过是制作并放飞了前人发明的风筝而已。

　　通过上面的分析，在风筝产生的时间上，我们可以得出如下结论：风筝初被称为"纸鸦""纸鸱""纸鸢"，其发明时间必定在造纸术已经发明并且纸张使用普及到一定程度之后；公元549年梁太子萧纲放风筝求援军只是风筝在军事上的应用，风筝发明时间必定在此之前。

　　在这里，我们需要对纸的发明过程做一下简短的回顾。早在西汉时代，造纸术就已经发明了，1957年西安市东郊出土的灞桥纸，就是西汉早期人们用大麻和苎麻制成的，这是世界上现存最早的植物纤维纸。1933年在新疆罗布淖尔烽燧遗址，1977年在甘肃居延肩水金关烽塞遗址，1978年在陕西扶风，也都出土了公元前一世纪的西汉麻纸。不过，这时的造纸技术不高，纸的质地粗糙，不宜用来写字绘画。直到东汉时期，蔡伦才用树皮、破麻布、烂鱼网等为原料，制造出第一批质地优良的纸。汉元兴元年（公元105年），蔡伦把这种纸献给了汉殇帝。不必说，这种纸就连一般的士人都没有资格使用，庶民百姓就更见不到了。蔡侯纸（蔡伦曾被封为龙亭侯，故名）问世后，至少在一两个世纪内，是与帛、简同时作为书写材料的，到公元三至四世纪，才广为普及，并代替了帛与简成了主要书写材料。

据此，可以断定风筝诞生的大致时间为魏晋时期。

（三）风筝的直系祖先为何物

风筝究竟是受到何种现象启发而创造的？除了木鸢之外，近年研究者们对这一问题进行了深入的思考，并做了许多推测。

徐艺乙在《风筝史话》（北京工艺美术出版社 1992 年版）中提出风筝是受风帆的启示而发明的。他指出，在中国古代，人们就利用风能制造出风帆和风车，风帆利用风能做水平运动，风车利用风能做旋转运动，风筝则比风帆和风车进了一大步，利用风能做垂直和水平运动；若从使用技术的简、繁来判定它们产生的时间顺序的话，应该是发明风帆在前，发明风筝在后。因此推断风筝是受风帆的启示而发明的。这种推断是合乎历史发展逻辑的。

刘敦愿在他的文章（《民俗研究》1990 年第 1 期）中提到了风筝与"弋射"的关系。弋射使用的是一种名叫"矰"的短箭，箭上系有生丝绳索，名叫"缴"，绳末端系一块石头，叫作"磻"。当猎者射中飞鸟之后，收回缴绳，可防止鸟飞逃，也便于寻找。这种射猎方式有可能对风筝的创造有所启发。这种分析自有其合理之处。

郭伯南则认为风筝的直系祖先是测风的鸢旗。他认为，从风筝的发展史看，最大最复杂的龙头蜈蚣风筝恰恰是最年轻的，而最小最简易的风筝却是最古老最原始的，那就是"风巾"。"巾"字原写作"斾（pèi）"，《诗经·小雅·六月》："织文鸟章，白斾央央。"《礼记·曲礼》载：上古军旅以旗帜为号令。行军时，前方有水，即高举青雀旗；前方起风，举鸣鸢旗；前方发现车骑，则举飞雁旗……鸢旗是报风情的，与风筝关系最为密切，因而是风筝的直系祖先。这一论证也是颇有力度的。

还有一种非常有趣的说法，认为风筝源于草帽（或斗笠）。农民在田间劳动，偶尔被风吹掉草帽，就急忙抓住系带，草帽便飘飞起来，在这一现象的启迪下，人们发明了风筝。这种说法简直如同玩笑，中国人引以为骄傲的风筝，其发明过程居然这么土里土气，微不足道，实在令人难以接受。然而，仔细思索一下，这种说法却颇应当引起重视，因为它比风帆、弋射和鸢旗在原理上更接近风筝。船帆因风而做水平运动，与风筝的上升运动不同，此其一；帆动，船身也随之运动，这与风筝被定点绳索操纵又不一样，此其二。弋射活动使用线绳，这一点与风筝相近，但所射的飞鸟是外在于人的自然物而并非人类的制品，且飞鸟是靠自身活动而飞翔的，其原理与风筝并不相同。至于鸢旗，则与人的头发、鸟的羽毛随风飘动的现象同样简单，是顺风向的任意性摆动，人们无须对它做出任何控制，这与风筝在线绳支配下迎风而动的方式是迥然不同的。草帽与风筝则最为相似：第一，草帽系带在帽身上一般有两个位于帽周直径两端的点，因此拉住系带，草帽就可能在风中保持平衡，当它迎风（而不是顺风）飘飞时，这就很像拴有两根脚线的风筝。当然，由于草帽多为中心对称式造型（圆或正多边形），因而在风中保持平衡的时间往往只是短暂的，但这已经可以称得起非正规的、"设计"得不够成熟的风筝了；而风筝则要比草帽合理得多，倘是中心对称造型，就会有三根以上脚线，倘只有一两根脚线，就必然取左右对称造型，这样才能在风中保持长时间的稳定。从草帽在风中短暂的稳定到风筝的长时间稳定，我们不难发现风筝从不完善走向完善的递进轨迹。第二，农民抓住草帽系带，他的手便成了牵制草帽的相对固定的控制支点，放风筝恰恰也需要这样的支点。最后，草帽与风筝都通过线的逆风向牵引，形成对风的阻力，然后飞升飘动。

斗笠、其他有系带的帽子乃至四角栓线的帐篷被风吹起的情形，与草帽的原理是相同的，我们姑且统称之为"草帽飘飞现象"。

或许有人问：一项发明总应当在有某种理论支持的条件下才能完成。

其实，在人类文化发展史上，我们常发现这样的情况：感性的、经验的、朦胧的认识对人类的创造活动显得更有价值，而理论却往往是滞后的。众所周知，在阿基米德发现水的浮力原理许久以前，古代先民早已利用水的浮力制作木筏在江河中行进了。技术的发明和理论的建树都是创造性的实践活动，它们的产生契机往往来自微不足道的生活现象，既然开水冲起壶盖的现象能诱导瓦特发明蒸汽机，苹果掉在地上的现象能诱导牛顿发现地心引力并进而创造了"牛顿定律"，那么，"草帽飘飞现象"为什么不能成为风筝发明的导因呢？放风筝是一项经验性很强的活动，其发明过程无须明确的理论来支持，恰恰相反，不是有了力学理论和数据才发明了风筝，而是发明了风筝之后人们才开始探讨它的理论和数据。

综上所述，我们似乎可以做出如下推断：木鸢、风帆、弋射、鸢旗等都是风筝的前身，它们对风筝的发明都起了诱发作用，而"草帽飘飞现象"则与风筝有着更密切、更直接的亲缘关系，在经验的、实践的环节上，二者的原理如出一辙，"草帽飘飞现象"为风筝的创造提供了最现实的依据，因此是风筝的直系祖先。

（四）"风筝"名称的由来

风筝发明之后，获得了许多名称。上文提到的《南史》中梁简文帝放风筝求援军的记载，以"纸鸦"称之；同一事件在《资治通鉴》中则称风筝为"纸鸥"；明人徐渭曾作《风鸢图》，以"风鸢"指称风筝；在风鸢图诗中则有"搓够千寻放纸鸢"、"鸢与儿辈何相关"、"缚竹糊腔作鸟飞"、"江南江北纸鹞齐"、"高高山上鹞儿飞"、"筝儿个个竞低高"、"爱看钻天鹞子高"等句，用七、八种不同的名字来称呼风筝。在风筝诸多的名称中，"纸鸢"是最为多见的，如

　　有鸟有鸟群纸鸢（元稹《有鸟》）；

　　不得高飞便，回头望纸鸢（罗隐《寒食日早出城东》）；

　　纸鸢跋扈挟风鸣（陆游《观村童戏溪上》）；

石马立当道，纸鸢鸣半空（范成大《清明日狸渡道中》）；

……

纸鸢的名称至少一直用到民国年间，民国二十四年（1935年）《临朐续志》中有"儿童放纸鸢于村外"之句，这期间的许多地方志仍称风筝为纸鸢。

"风筝"一词，大约出现于唐代。初指占风铎，王仁裕《开元天宝遗事·占风铎》载："歧王宫中于竹林内悬碎玉片子，每夜闻玉片子相触声，即知有风，号为占风铎。"占风铎简称"风铎"，挂于竹林，也悬挂于殿塔檐角，白居易《游悟真寺诗》："前对多宝塔，风铎鸣四端。"张耒《宿柳子观音寺》："夜久月高风铎响，木鱼呼觉五更眠。"风铎因其悬于屋檐，故又称"檐马"。袁枚在《随园诗话》中引蒋廷镕诗："自从环珮无消息，檐马丁当不忍听。"后来风铎改用铁制作，称为"铁马"、"风马"、"风铃"、"风琴"。王实甫《西厢记》第二本第五折："莫不是铁马儿檐前骤风？"元稹《饮致用神麴酒三十韵》："遥城传漏箭，乡寺响风铃。"

风铎因响声颇似击筝之声，又是因风而鸣的，故又称"风筝"。李白《登瓦官阁》："两廊振法鼓，四角吟风筝。"元稹《连昌宫词》："尘埋粉壁旧花钿，乌啄风筝碎珠玉。"李商隐《燕台》："云屏不动掩孤嚬，西楼一夜风筝急。"这几处风筝都是指风铎。

风筝一词何时用来称呼纸鸢？

明代陈沂在《询刍录·风筝》中说，五代李邺放纸鸢，于鸢首，以竹为笛，使风入作声，如筝鸣，俗呼风筝。按此记载，用"风筝"这一名称取代"纸鸢"当归功于李邺，而取"风筝"之名是因为它能发出像筝一样的声响。有人还据此断定李邺是"在风筝上装置响器的第一人"。

以"风筝"来命名纸鸢的时间有没有可能更早些？不少人在谈论唐代诗人高骈的《风筝》一诗时，都把"风筝"一词当成今天我们所说的风筝。这个问题恐怕需要作一番探讨，请看原诗：

> 夜静弦声响碧空，
> 宫商信任往来风。
> 依稀似曲才堪听，
> 又被风吹别调中。

这首诗到底写的是风铎还是纸鸢？从名称的产生看，风铎与纸鸢都取名为"风筝"，其理由是相同的：第一，二者都与风密切相关；第二，二者在风中都发出近似筝的声响。因此，无论把题目"风筝"讲成风铎还是纸鸢，这首诗都能言之成理。"响碧空"三字似能促使我们向纸鸢方面做出联想，因为纸鸢才能飘在"碧空"，而挂在屋檐上的风铎则不能。不过，仔细一想则又不尽然，白居易在《长恨歌》中就有"骊宫高处入青云"之句，风铎为什么就不能像骊宫一样入青云呢？何况，"响碧空"既可以解释成"在碧空响"，也可以解释成"响声传到碧空"。杜甫有诗云："哭声直上干云霄"（《兵车行》），古代秦青唱歌不也是"响遏行云"吗？那么，在"夜静"之时，风铎之声为什么就不能"响碧空"呢？

有人根据"弦声"二字断定此诗是写纸鸢，看来似有道理，因为纸鸢可以安装"弦"，而风铎则与"弦"无关。然而，"弦声"二字既可以实指，也可以喻指。倘为实指，则为纸鸢无疑；倘为虚指，那么"弦声"就是"似弦之声"、"弦一般的声音"之意，既然人们以"风筝"指称风铎，而筝为弦乐器，那么，用"弦声"来写风铎又有何不可呢？

倒是诗的后两句更能帮助我们做出判断："依稀似曲才堪听，又被风吹别调中。"这分明是说，风筝声音刚刚隐约地形成曲调，风力或风向的改变却使风筝奏出了另外的曲调。我们知道，所谓曲调，又称旋律，是指不同高度的声响在时间中的先后呈现，而纸鸢上安置的"弦"，在风中的响声是单一的，即在同一音高上鸣响，风力的变化只能改变它的音量，却不能改变其音高，因此其音直平，形不成曲调。风铎则不同，长度不同的玉片相互碰撞，自然地形成不同音高的交替鸣响，曲调随之产生。风力固定时，玉片会按特定速度互相碰撞，从而形成较为固定的曲调；风力改变，玉片相撞的速度也随之改变，而速度变化会带来玉片相撞次序和时值的变化，由此造成曲调的变化；风力突然加大，甚至会导致玉片乱撞，不成曲调。再则，风向的变化就更会因改变玉片相撞的前后次序而造成曲调的改变。风铎悬挂于屋角，对风力、风向的变化反应最为灵敏。即使微小的变化，也会使风铎奏出不同的曲调。

从上面的分析看，高骈的诗更有可能是写风铎。

因此，陈沂在《询刍录·风筝》中关于李邺的记载，恐怕是以"风筝"指称纸鸢的最早文字资料。《辞海·风筝》："五代时又在纸鸢上系竹哨，风入竹哨，声如筝鸣，因称'风筝'。"显然是按陈沂的记载来判定风筝指称纸鸢的时间。

纸鸢有了"风筝"这一名称之后，旧有的名称并未消失，正如上文所说，直到民国年间人们还使用"纸鸢"一词。不过，"风筝"一词在文字记载和口语中却日甚一日地扩大着"地盘"，最后终于在新中国成立后取代了"纸鸢"。今日，"风筝"这一名称已取得了"唯我独尊"的地位。当然，仍有些地区的百姓呼风筝为"鹞子"。

（五）风筝的发展

人类以数不清的发明创造而有资格自诩为"万物的灵长"，然而许多发明的社会效用常常神不知、鬼不觉地走向了它的反面。古代先民创造出弓箭，原是用来征服禽鸟走兽以谋求生存的，后来却成了杀戮人类自身的武器；人们从植物中提炼出糖以供食用，盗贼却用来黏人家的门闩；造纸术和印刷术的发明，原是为了广泛地传播文化知识的，却也给散布谣言和谬说的人提供了绝好的媒介……这种目的与效果相悖的现象积累起来，终于"把人对动物所具有的那种优点变成缺点。"（马克思语）

风筝的遭遇亦复如此。

就在梁太子萧纲放纸鸢冀求援军之后的第十年，风筝的历史就向我们揭开了惨绝人寰的一页：齐文宣帝"放生"。

北齐文宣帝名高洋，是个十分残忍的国君。唐代李冗在《独异志》中记载了关于他的两件事。一件是：

> 北齐高洋凶暴，贵嫔薛氏有小过，遽杀支解之。抱其股为琵琶弹之，复叹曰："佳人难再得。"

另一件是：

> 齐高洋残酷，其弟南阳王淖献计，令取群蝎置斛中，裸断一人为蝎所螫，哀号宛转，不胜其苦。洋笑，飞书谓其弟曰："有此乐事，何不早言之！"

将嫔妃杀死并且肢解，然后抱其股当琵琶弹奏；用蝎子蜇人而当作乐事。足见其心地凶残到了极点。

北齐天保十年（公元 559 年），高洋大规模地屠杀北魏拓跋氏和元氏两个家族，他把两家族的成员囚禁在邺城（今河北临漳县西南）的金凤台上。邺城有三台，铜雀台居中，冰井台居北，金凤台居南。在举行庆祝佛教圣职授任的仪式时，高洋想出了一种极端残酷毒辣的杀人方式：放生活物。放生，就是在被囚禁者身上绑上双翅，如同风筝，让他们从八丈高的台上（约 26 米，今残台高 12 米）跳下去。结果是可想而知的，被囚禁者一个接一个地摔死了。这一事件，《隋书》卷二十五作了简略记载：

帝尝幸金凤台，受佛戒，多召死囚，编篷篨（qúchú，竹或苇编成的粗席）为翅，命之飞下，谓之放生，坠皆致死，帝视以为欢笑。

《北史·列传第七·献文六王》载：

及七月，大诛元氏，自昭成已下并无遗焉。或父祖为王，或身常贵显，或兄弟强壮，皆斩东市。其婴儿投于空中，承之以矟（即槊，兵器）。前后死者凡七百二十一人，悉投尸漳水。剖鱼者多得爪甲，都下为之久不食鱼。世哲从弟黄头，使与诸囚自金凤台各乘纸鸱以飞，黄头独能至紫陌乃坠，仍付御史狱，毕义云饿杀之。

《资治通鉴》卷一百六十七载：

使元黄头与诸囚自金凤台各乘纸鸱以飞，黄头独能至紫陌乃堕，仍付御史中丞毕义云饿杀之。

这段文字之后，有胡三省加的小注云："齐主每令死囚以席为翅，从台上飞下，免其罪戮。今欲夷诸元，黄头虽免殊死，犹饿杀之。"

如果我们把上述有关记载和胡注联系起来，就会对齐文宣帝的狠毒残忍有比较完整的了解。所谓"放生"，实际上是杀人取乐的手段。

　　然而，当我们放弃道德方面的评价，而纯然地从风筝发展史的角度上来观察，就会注意到元黄头乘风筝安全降落这一事实。《汉书·王莽传》中关于无名氏制造大鸟的记载，上文已做过分析，认为是载人的，但"飞数百步堕"之后，乘者究竟是安然无恙，还是摔伤，抑或摔死？则无从得知。元黄头则不然，他是从金凤台飞至紫陌安全降落的。尽管我们已无法考察金凤台与紫陌之间的距离，但公元559年元黄头乘纸鸢而飞，且能安全降落，乃是风筝发展史上极值得称道的一件大事，也是人类航空史上极值得称道的一件大事。

　　在欧洲，法国博士希尔·拉威尔把一个11岁的孩子用风筝送到空中，然后安全降落，时间是在1854年，比中国晚1295年。

　　至迟在唐代，放风筝就已经成了相当普遍的活动，不论民间还是宫廷，都对风筝表现出浓厚的兴趣。公元713年，唐玄宗李隆基就曾在山东蓬莱宫宜春院观看"八仙过海"风筝的放飞。唐代诗人元稹的《有鸟》、刘得仁的《访曲江胡处士》、罗隐的《寒食日早出城东》、路德延的《小儿诗五十韵》等，都对放风筝的情景作了生动描写，唐荣和杨誉则作过《纸鸢赋》。唐代风筝的制作水平很高，宫廷风筝有的还用丝绢扎制，不但可以白天放飞，而且晚上可把五彩灯笼挂在风筝上，放到空中去，灯笼在夜幕中游动穿行，光影闪烁，颇为壮观。

唐代风筝大体上以模拟禽鸟的造型为主，元稹的诗句"有鸟有鸟群纸鸢"、路德延的诗句"折竹装泥燕，添丝放纸鸢"、唐荣的赋句"饰素纸以成鸟"等等，都给我们提供了这方面的信息。

唐代，又发生了一次放风筝求援军的事。

唐建中二年（公元781年），叛军田悦命部将杨朝光攻临洺（今河北永年县），守将张伾放纸鸢求援，获得了成功。《新唐书·列传一百三十五藩镇魏博》记载了这件事：

> 会幽州朱滔等奉诏讨惟岳，悦乃遣孟希祐以兵五千助惟岳，别遣康愔以兵八千攻邢州；杨朝光以兵五千壁卢疃，绝昭义饷道。悦自将兵数万继进，又使朝光攻临洺将张伾。伾固守，食且尽……有诏河东马燧、河阳李芃与昭义军救伾。三节度次狗、明二山间，未进。伾急，以纸为风鸢，高百余丈，过悦营上，悦使善射者射之，不能及。燧营噪迎之，得书言"三日不解，临洺士且为悦食"。燧乃自壶关鼓而东，破卢疃、战双冈，禽贼大将

卢子昌而杀朝光，悦遁保洹水。

纸鸢放到百余丈高，"善射者"的箭竟然"不能及"，其放飞水平看来是相当可观的。梁简文帝没有成功，而张伾则开创了风筝服务于军事的成功实例。

到宋代，风筝更为流行。宋徽宗赵佶就是一个风筝爱好者，他不但在"禁中放纸鸢"，而且据说还主持编写了一本《宣和风筝谱》，这是我国历史上已知的关于风筝的第一部专著。据说该书共两册，对风筝的绑扎、绘制技术及材料的选用等都有详细介绍。

南宋人周密在《武林旧事》中记录了临安（今杭州）西湖一带放风筝的盛况：

> 桥上少年郎，竞纵纸鸢，以相勾引，相牵剪截，以线绝者为负，此虽小技，亦有专门。爆仗起轮走线之戏，多设于此，至花影暗而月华生，始渐散去。

从这里，我们可以得知，南宋已经有了放风筝的竞技活动，风筝放到空中后，放飞者将风筝线交叉到一起，然后各自牵引，线断的一方为输，这种竞赛有专门的能手。同时，这时已经掌握了将鞭炮顺风筝线送到空中鸣放的技巧。

这一技巧还被运用到军事上，在风筝上安装炸药，点燃盘香，放飞到敌营上空后，盘香燃尽点燃引信，火药立即爆炸，这便是有名的"神火飞鸦"。

从这时期的有关记载中可以发现，风筝已进入了人们的经济生活。《武林旧事》中提到宋高宗游幸西湖的情景：

> 淳熙间，寿皇以天下养，每奉德寿三殿，游幸湖山，御大龙舟。……时承平日久，乐与民同，凡游观买卖，皆无所禁。至于吹弹、舞拍、投壶、蹴鞠、杂艺、水爆、风筝，不可指数，总谓之"赶趁人"，盖耳目不暇给焉。

《西湖老人繁胜录》也提到了南宋临安城外的风筝市场：

> 城外有二十座瓦子，街市举放风筝轮车数椽，有极大者，多用朱红，或用黑漆，亦有用小轮车者，多是药线。前后赌赛输赢，输者顷折三二两钱，每日如此。

风筝、放风筝用的轮车、风筝线都作为商品出现在市场上，而且伴随着相应的赌博行为，风筝进一步世俗化了。

这时，社会上还出现了专门化的放风筝艺人，即周密《武林旧事》中所谓的"赶趁人"，书中还提到周三、吕偏头这两位放风筝的专业艺人。风筝在社会中流行的盛况以及人们对它的喜爱程度于此可知。

放风筝活动在诗歌中也是经常提到的内容，如寇准的

《纸鸢》、王令的《纸鸢》、陆游的《观村童戏溪上》、范成大的《清明日狸渡道中》等，都是出色的风筝诗。南宋宫廷画院待诏苏汉臣在《百子图》里，对放风筝的场面也有精彩的描绘。

1987 年，吉林省怀德县毛城子乡菜园子屯出土了一面金代（1115—1231 年）铜镜，上面有放风筝的图纹。铜镜为圆形，直径 18.5 厘米，被十字线分割成四块，每块都有两个人物，他们有的放大雁风筝，有的放蝴蝶风筝，图纹虽小，形象却生动逼真。这面铜镜是我们研究风筝的十分珍贵的实物资料。反映到艺术中，则有金世宗之子完颜允恭的《风筝》诗、元代谢宗可的《纸鸢》诗、马臻的《西湖春日壮游即事》和关汉卿的剧本《绯衣梦》等作品。

在金元之交，又出现了放纸鸢求救兵的记载。

公元 1232 年 3 月，蒙古包围金朝南京①，末帝完颜承麟出宫，四面劳军，士兵皆死战。蒙古兵炮飞如雨，向城里发动攻击，城中则以震天雷还击。金朝遗老刘祁在《归潜志》中写道：

> 又令于城上放纸鸢，鸢书上语，招诱胁从之人，使

---

① 指开封。金初以北宋旧都开封府为汴京，贞元元年（1153 年）改称南京。

自拔以归，受官赏，皆不免奔走矢石间。

金人所使用的震天雷，又称"震天雷炮"，是一种装有翅膀的武器，点燃引信后，顺风放出去，引信燃尽，火药即爆炸。至于放纸鸢求救，目的与手段则与梁简文帝、张伾相同，这是风筝用于军事的又一实例。

明代被认为是风筝发展的鼎盛时期，风筝得到了广泛的应用。明人王逵的《蠡海集》中记载了当时人们利用风筝测定风力、风向的事例。最令人称奇的是，在明太祖洪武年间，一个叫王古的人，在一把椅子上安装了47支火箭，人坐上去，手中执两个大风筝；他计划点燃火箭，人随火箭飞到空中，火箭燃尽后，人再靠风筝的浮力滑翔降落。王古的实验没有成功，但他为实现人类飞天的梦想所做出的努力却赢得了世人的赞颂。为了纪念王古的功绩，国际天文联合会将月球背面的一座面积为600平方公里的环形山命名为"王古山"。

艺术上，表现风筝内容的作品有无名氏的《挂枝儿·风筝》等诗歌，著名画家仇英所临摹的《清明上河图》中，也有儿童放风筝的场面，而文人徐渭则不但画过《风鸢图》25幅，而且"每一图必随景悲歌一首"，遂得《风鸢图二十五首》，图与诗组成了一轴绚丽壮观的风筝长卷。

　　需要提到的是，明太祖朱元璋执政后，曾下令缩减娱乐性开支，因此包括风筝在内的一些游戏活动受到冷落，尤其是明代帝王接受历史上韩信、陈豨用风筝测量未央宫远近、准备谋反的教训，曾下令禁止在京都放风筝。明初刘侗、于奕正所著《帝京景物略》中写道：

　　　　燕（今北京）旧有风鸢戏，俗曰毫儿，今已禁。

　　其实，禁令对放风筝活动的影响只是局部的、暂时的，在当时的南方以及后来的历史时期，放风筝依然是广为流行的群众性娱乐活动。

　　清代，放风筝活动有增无减，风筝制作日趋精良，同时也明显地形成了不同地域的风格，出现了一批名声大噪的风筝制作专家，如北京的"风筝哈"（哈国良）、"风筝金"（金福忠）、天津的"风筝魏"（魏元泰）等等，他们不但称雄一时，而且后继有人，各成流派。

　　这时期放风筝活动之盛行，可以从各地方志中得知许多信息。仅以山东为例，潍县、即墨、平度、济宁、临朐、宁津、高密、莒州、无棣、宁阳、乐陵、惠民、商河、武定、日照、滕州、邹县、沾化等地的州志或县志均有关于放风筝的记载，这些记载尽管比较简略，未作细节描绘，却都指明了放风筝是清明时节郊外活动必有的项目。

北京是全国的风筝盛地，不但风筝制作精良，且风筝市场十分繁荣。清人富察敦崇《燕京岁时记》载：

> 京师十月以后，则有风筝、毽儿等物。风筝即纸鸢，缚竹为骨，以纸糊之，制成仙鹤、孔雀、沙雁、飞虎之类，绘画极工。……有带风琴锣鼓者，更抑扬可听，故谓之风筝也。

乾隆年间，潘荣陛《帝京岁时纪胜》中载：

> 京制纸鸢极尽工巧，有价值数金者，琉璃厂为市易之。

这里所说的琉璃厂，乃是北京规模最大的风筝市场，也是理想的放飞场地。鲍东植在《都门百二咏》中写道："厂甸开时百货全，肩摩毂击日喧阗。风筝骨董兼糖豆，尽赚儿童大老钱。"写的是风筝市场景象。陈文瑞《瘦松柏斋初集》有诗云："春随地气上腾时，羊角风罡旋旋吹。天半纸鸢飞去稳，缫车闲理手中丝。"说的是风筝放飞细节。方朔《枕经堂诗钞·厂肆》也写到琉璃厂外风筝市场的盛况："纸鸢能作美人与甲士，儿童之马皆为灯。"

清代的潍坊风筝就以其浓郁的地方色彩和民间气息而名

扬海内。风筝作坊、店铺多达三十余家，东城城墙下还有风筝集市，每逢大集即有数百种风筝上市，清明时节花样尤为繁多，各路风筝艺人的佳作都汇集于此，一展风采。清代诗人裴星川有诗写到了唐家店铺："唐家父子善经营，年画贩来杨柳青。铺面不离十字口，接连寒食卖风筝。"另有一首是写集市的："风筝市在东城墙，购选游人来去忙。花样翻新招主顾，双双蝴蝶鸢成行。"有人和诗曰："东城墙外是白沙（指白浪河沙滩），风筝铺子三十家。冬售年画春销鸢，一年四季不断花。"风筝市场的繁荣气象于此可见。潍坊风筝以杨家埠最为人所称道，早在乾隆年间，就有 30 余家画店从事风筝制作，年产量达 4 万只；道光年间，年经销量达 20 万只。

清人李斗在《扬州画舫录》中对扬州风筝作了如下介绍：

> 风筝盛于清明。其声在弓，其力在尾；大者方丈，尾长有至二三丈者。式多长方，呼为板门。余以螃蟹、蜈蚣、蝴蝶、蜻蜓、福字、寿字为多。次之陈妙常、僧尼会、老跎少、楚霸王及"欢天喜地"、"天下太平"之属，巧极人工。晚或系灯于尾，多至连三连五。

文中提到风筝的弓弦音响装置、风筝的形制、形象等情况，其中动物形象、神话人物形象、历史人物形象丰富多彩，字风筝有诸多花样。

天津的"风筝魏"（魏元泰）已于清末闻名遐迩，他所开设的"长青斋"即以经营风筝为主；南通、台湾等地的风筝也显示出雄厚的实力。

清代的风筝诗最为丰富，如赵执信的《咏风鸢学江东体》、高鼎的《村居》、方芳佩的《纸鸢》、郑燮的《罢官作》、《怀潍县》、袁枚的《纸鸢》、郭麟的《春天》、杨米人的《都门竹枝词》、孔尚任的《燕九竹枝词》、李振声的《放风筝》、舒铁云的《纸鸢篇》、吴我欧的《美人风筝》、裴星川的《咏潍县》、蒲松龄的《鼓留慢》、吴梅村的《江城子·海东清》等等，这类优美的诗章多得简直不可胜计，而戏剧家李渔的《风筝误》则是以风筝为情节线索的戏剧精品。为什么大批从事雅文化的知名诗人、戏剧家对属于俗文化的风筝表现出如此之高的兴致和投入了如此之大的热情？只有一个解释，那就是风筝在人们的文化生活中占据着突出的地位，使得文人骚客不得不注视这个领域的景象与动态。

须单独提及的是，关于风筝的专著《南鹞北鸢考工志》①

---

① 《南鹞北鸢考工志》是否为曹雪芹所著，尚有争论，已见前注。

出现了。有人考证，清代文学家曹雪芹曾留下《废艺斋集稿》一部手稿，手稿共分八册，谈论图章篆刻、风筝制作、编织工艺、脱模手工、织补手工、印染技巧、竹制器皿、烹调技术等方面的技艺，其中第二册即为《南鹞北鸢考工志》。它包括如下内容：（一）曹雪芹的自序；（二）董邦达写的序；（三）正文残卷（讲风筝历史的残页、扎绘风筝歌诀）；（四）附录：敦敏的《瓶湖懋斋记盛》残文。据曹雪芹的研究者吴恩裕考证，《南鹞北鸢考工志》始写于清乾隆二十年（1755 年）下半年，成书于乾隆二十二年（1757 年）清明前三日之前。

《南鹞北鸢考工志》全面地介绍了关于风筝制作的工艺技巧。董邦达在序中说："是书之作，意重发扬，故能集前人之成。撮要提纲，苦心孤诣，以辟新途，而立津梁，实欲启后学之思。诱导多方，惨淡经营，更变常法，而为意匠。所期者，举一反三，不使囿于篇章。"尽管《南鹞北鸢考工志》已残缺不全，但从扎绘风筝歌诀（包括附注）来看，曹雪芹在风筝制作方面所拥有的知识和技能，达到了相当高的水平，这些歌诀可以视为当时风筝创作的经验总结和理论概括。

随着封建王朝的覆灭，所谓宫廷风筝活动也就消失了，放风筝成为较纯粹的民间活动；又由于社会动荡，战争频繁，故现代社会风筝没有明显的发展。但作为俗文化的一支，它仍然显示出不竭的生命力。

近人沈太侔在《春明采风志》中记道：

> 风筝摊，即纸鸢也。常行沙燕，一尺以至丈二，折竹结架，作燕飞式，纸糊，绘青蓝色，中安提线三根，大者背着风琴，或太平锣鼓，以索绕籰顺风放起，昼系纸条，夜系红灯，儿童仰首追逐，以泄内之积热，盖有所取意也。三尺以上，花样各别，哪吒、刘海、哈哈二圣、两人闹戏、蜈蚣、鲇鱼、蝴蝶、蜻蜓、三阳开泰、七鹊登枝之类。其最奇者，雕与鹰式，一根提线，翱翔空中，遥睹之，逼真也。

这段记载，对当时风筝的类型、样式、规模、色彩以及放飞场景作了较为全面的介绍，用语虽简约概括，而风筝竞芳斗艳的盛况却跃于纸上。

现代风筝在制作方面，由于宫廷匠人流落民间，其技艺遂在更大的范围内继续发展创新；北京的"风筝哈"、"风筝金"等优秀艺人的技艺已传至第二、三代。由于国际文化交流活动的增多，我国风筝也走出了国门。1915 年，北京"风筝哈"的蝴蝶、蜻蜓、仙鹤、花凤四件作品在巴拿马万国博览会上获金奖和银奖；天津"风筝魏"的 14 只风筝也获得了金奖。在放飞方面，各地方志也有许多记载，有的记载颇富有诗意，令人神往。如民国年间，《潍县志》载："每逢寒食……桃李葩吐，杨柳烟含，凌空纸鸢，高入云端。"《临朐续志》载："旧志载寒食增墓土……斯时芳草鲜美，儿童放纸鸢于村外；春花绚烂，妇女戏秋千于杏院；小姊妹或三三五五，踏青陌上，寻芳水滨，桃红柳绿，日丽风和，一年节令此为最佳时也。"这段文字，极为生动地勾画出一幅农业时代特有的拙朴素淡的田园风貌。

在著作方面，有陈泽凤编著的《风筝》一书于民国二十三年（1934 年）出版；民国二十五年（1936 年），则有王健吾、金铁庵编著的《风筝谱》刊行，这是关于风筝技艺、理论方面不可多得的成果。但应该看到，就时代整体而言，中国社会是纷乱动荡的，尤其是日寇侵华后，中华民族陷入苦难的深渊，铁蹄下的呻吟，硝烟中的奋战，淹没了牧歌式的意趣和节律，包括风筝在内的民俗文化之花只能在贫瘠的土地上艰难地生长、开放，不可能结出丰硕的果实。

一唱雄鸡天下白，历史进入了当代社会。新中国成立后，社会秩序安定，经济复苏，人民当家做主，生活有了保障，各类民俗活动便在群众中广泛开展起来，风筝在其发展史上也进入了恢复期。北京、天津、潍坊、南通等地的风筝不但销往全国各地，而且先后参加美、英、日、法等国家和地区的展销，受到国际友人的普遍欢迎。

十年"文革"时期，政治运动冲击一切，社会成员无论老幼均被裹挟到这场规模浩大、"史无前例"的浪潮之中，大字报、大辩论、语录歌、"忠"字舞、工宣队进驻学校、上山下乡、三结合、批林批孔、痛击右倾翻案风，阵阵声浪铺天盖地，许多保存了千百年的珍贵文物被当作"四旧"而毁于一旦，风筝当然也在"横扫"之列，它从人们的生活中基本上消失了。春日，我们偶尔也能看到一两个不懂事的儿童或厌烦了"政治斗争"的"逍遥派"将不起眼的"屁帘"送到半空中，但它们看上去与轰轰烈烈的"解放全世界三分之二受苦人"的革命运动是那样不相称、不协调。

新时期以来，风筝的发展和许多俗文化现象一样，出现了非常奇特的势态。

一方面，作为民间娱乐活动，风筝走向式微。从时间上看，在农村，农业科技的普及打乱了农事忙闲的原有步伐，当北方人在严寒的冬季可以吃到西红柿和西瓜的时候，视清明为农闲季节的观念就淡化了，况且，经济搞活的政策使各种手工副业深入到千家万户，农闲季节也忙碌起来；在城市，生活节奏明显加快了，人们需要应付来自各个方位的人生问题，上班、工资、物价、住房、粮油、水电、职称、股市等不断地填充进人们的头脑，人们当然也娱乐，但娱乐方式像放到天上的烟火一样迸撒四方，电影、电视、录音机、录像机、影碟机、卡拉OK、台球、溜冰、交谊舞等等，令人眼花缭乱，还有谁去进行节奏缓慢的放风筝活动呢？不论在农村还是在城市，作为传统意义上的放风筝的主力军的少年学生，则在升学的压力之下，争分夺秒地应付各种习题、作业，背诵古典范文和英语单词，许多学校连正常的文娱活动都取消了，还有闲暇去放风筝吗？

从空间上看，在农村，现代化给绿色的田野打上了明朗的印记，水渠、公路、铁路、高压线纵横交错，机井、塑料大棚、村办厂房、商场饭店星罗棋布，空间骤然变得狭小而拥挤了，如今，人们放风筝时不能不顾及公路上的汽车、拖拉机和空中的电线。除了偏僻的山区外，一般农村几乎连放飞中、大型风筝的理想场地都难找到。至于高楼林立的城市，恐怕连放小风筝的场地都极少。

风筝几乎被挤出了人们的生活!

当然,在清明时节,我们依然能够看到三三两两的风筝在空中飘动,但它们看起来是那样孤单,那样平淡无奇,高水平的大型风筝甚至根本看不到。昔日"江南江北纸鹞齐,线长线短回高低"(徐渭)的气派,"纸花如雪满天飞,娇女秋千打四围"(郑板桥)的景象,好像是一去不复返了。

然而在另一方面,作为经济大潮中的一朵浪花,风筝被冲上万丈云天;作为民族传统文化的一颗珍珠,风筝放射出前所未有的璀璨光华;作为国际友谊的纽带,风筝将我国和世界人民紧紧地联结在一起。

前面谈到,现代生活节奏加快,人们显得格外忙碌,从而使风筝几乎从人们的生活中被挤出,然而正是这一原因,人们也更加迫切地希望从事一些与大自然相接触的活动,而风筝便是其中颇受青睐的项目;而且,随着居民住宅条件的改善,室内装饰之风的兴起,风筝也就作为高雅的工艺品而进入了千家万户。这一势头,国外比国内更为明显和突出,风筝之所以能够打开市场,缘由正在于此。社会需求刺激着生产,仅潍坊杨家埠一地,1984 年风筝制作就达 35 万只,产值 14 万元；1986 年制作 50 万只，产值 25 万元；1987 年，杨家埠风筝厂成为全国最大的风筝生产基地，制作风筝达 100 万只，产值 40 多万元。而作为世界风筝都的潍坊，从 1984 年第一届国际风筝会到 1996 年第 13 届国际风筝会，经济活动总成交额达 356 亿元，其中利用外资额为 14 亿美元。"风筝与经济齐飞"，潍坊人的自我评价是十分中肯的。

当代社会，一般人不再从事风筝制作，包括大多数风筝迷，也变成了纯粹的风筝消费者，于是，风筝的制作便集中在少数专门家手中。除了世代相传的风筝艺人外，不少专业画家也投入了风筝的创作活动。这一状况使风筝在制作水平、构思创新方面产生了巨大的飞跃。尤其是世界性的风筝竞赛活动，给风筝创作提出了比以往岁月高得多的标准，迫使创作者向世界风筝高峰攀登。从 1984 年第一届国际风筝会在潍坊举行以来，每届风筝会都有出色的、令人耳目一新的作品推出，这些作品又成为下一届风筝会的参照系。风筝艺人们发挥各自的聪明才智，广开思路，推陈出新，精工细作，一试身手，使风筝这颗民族文化珍珠，放射出前所未有的光彩。

风筝作为商品，大踏步地走出国门，活跃着国际市场，从而促进了世界范围内的经济交流；风筝作为我国工艺瑰宝，以其独特的魅力打动了成千上万的国际友人，使我国民俗审美文化信息传播到世界每一个角落；放风筝作为竞赛活动，使世界各地的风筝爱好者不远万里汇聚于风筝城一试身手。

不同肤色、不同装束、不同语言、不同信仰的人们就在这些活动中交流情感，心心相印。

风筝的长线不但勾连着天界与地面，而且系结着人类的心灵。

美国西雅图风筝协会名誉主席戴卫·切里克说得好："世界各国的风筝爱好者，通过风筝技艺交流，将会更进一步增进友谊，为世界和平做出贡献。"

随着风筝活动的勃兴和风筝事业的繁荣，对风筝的研究也空前深入，人们不但在技艺方面作了许多可贵的探索，而且开始上升到文化层面上进行思考。20世纪八九十年代，我们看到了许多有力度的专著：如蒋青海的《中国风筝》（江苏科学技术出版社，1987年出版）、韩春圃、柴茂智、曲立秀的《风筝制作》（山东科学技术出版社，1987年出版）、刘镇、王晓瑜、曲立秀的《风筝技艺》（山东友谊出版社，1990年出版）、柴茂智的《风筝》（北京出版社，1991年出版）、徐艺乙的《风筝史话》（北京工艺美术出版社，1992年出版）、王鸿勋、徐淑燕的《中国风筝》（黑龙江美术出版社，1994 年出版）等等，此外，有关风筝的专题论文也为数不少。

在文艺创作方面，郭沫若、邓拓、臧克家等文化名人都为我们留下了华美的风筝诗篇，1958 年中法联合摄制了故事片《风筝》，历届潍坊国际风筝会的开幕式，则有洋溢着浓郁的时代气息、雄姿英发的朗诵词和大型歌舞。

二、关于风筝的传说和故事

所谓传说，不同于史实。史实是指见于正史或学术界认为可信的"野史"的记载，因而有理由认定是历史上的确发生过的事件。传说大多也见于古人著述，否则无法保留至今，但所载事件或者对事实有所改造，包含着某种虚构、夸张成分，或者纯属想象而毫无事实根据，其情节虽有趣味，有意义，却往往难以令人置信。

本书中所谓"故事"，不是指虚构的事件，而是指有所载、有所凭并具有相当程度的可信性的事件，至少是生活中"可能发生的"，只是因为这些事迹不属于"史"的范畴（即不属于社会重大事件），因而归入故事一类。

（一）关于风筝的传说

1. 鲁般制造木鸟和木仙人

春秋时代，有个叫公输般的人，因为他是鲁国人，人们就称他为鲁般。鲁般是个聪明绝顶的能工巧匠，他制造的许多东西都跟大自然的原物一模一样，简直到了以假乱真的程度。他在凉州的时候，曾用木材制作了一只大鸟，他每次骑上木鸟以后，就在发动机关上拍击三下，木鸟便拍击翅膀，徐徐升空，在天上飞翔遨游。鲁般经常乘坐着这只大木鸟回故乡探望妻子。后来妻子怀孕了，鲁般的父母对儿媳发生了怀疑：鲁般远在千里之外，长年不归，他妻子怎么会怀孕呢？于是就逼问她有孕的原因；鲁般的妻子不得已说出了真情。

鲁般的父亲得知事情的原委后，心中十分好奇。他开始观察鲁般的行踪。一次，他发现鲁般乘木鸟回家，便趁机骑上木鸟；他在木鸟的发动机关上拍击了十几下，木鸟腾空而起，迅速地在空中穿行；鲁般的父亲不会控制木鸟的飞行方向，一任木鸟随便游荡，最后竟来到了吴地。

吴地人从未见过木鸟，更未见过木鸟载人，便以为是妖怪；他们一哄而上，用箭射下了木鸟，鲁般的父亲惨遭不幸。

鲁般不闻父亲音讯，就又制作了一只木鸟，骑着它到处寻找，终于在吴地找到了父亲的尸体。鲁般对杀害父亲的吴地人十分痛恨，为了报仇，他制作了一个木头仙人，举手指向吴地，从此吴地三年大旱。

吴地人十分恐慌，他们弄不清其中的原因，就请巫师占卜，巫师卜过之后说："这件事是鲁般干的。"吴地人立即持贵重的礼物来到鲁般家里，向他道歉谢罪。鲁般的心软了下来。他拿起斧头，将木头仙人的手劈了下来；当天，吴地就下了大雨。

2. 张良从飞鹞上坠落

相传楚汉争雄的时代，刘邦的谋士张良就曾乘风筝遨游天空。那时的风筝用铁制成，连风筝线也使用铁索，且能够载人飞行，人称"飞鹞子"。张良随刘邦南征北战，戎马一生。刘邦灭项羽后，张良不想参与朝政，就漫游天涯。他乘坐着鹞子从通州（今南通）起飞，风筝荡荡悠悠，穿云而行，行数百里。他想回故乡钱塘探视亲人，来到杭州上空，张良俯视大地，发现有两个姿色姣美的女子在芝麻田里耨（nòu，锄）草，便自恃聪明，信口唱出一首山歌：

> 耕芝麻，耨芝麻，

> 芝麻地里两朵花。
>
> 哪个陪我张良过一夜,
>
> 保你上穿绫罗下穿纱。

可巧,在芝麻田里耨草的两个女子,一个是张良的结发妻子,一个是他的亲生女儿。张良在外多年,没认出自己的妻子,更认不出已经长大成人的女儿;在田间劳动的妻子却认出了自己的丈夫,并告诉了女儿。女儿对父亲的轻佻行为非常生气,于是顺口唱了一首歌来反讥他:

> 耕芝麻,耨芝麻,
>
> 芝麻田里两朵花。
>
> 我娘陪过你张良多少夜,
>
> 何曾穿什么绫罗戴什么纱?

张良这才知道那女子是自己的女儿,调情竟然调到女儿身上了,刹那间,羞愧之情涌上心头,身子一晃,双手失去控制,从铁风筝上摔了下来,在西湖畔跌死了。那条系风筝用的铁索至今还在南通。

3. 张衡制造木鸟

张衡(公元78—139年)是东汉时期杰出的科学家,创造了闻名世界的浑天仪和地动仪,国际上用他的名字来命名月球上的一座环形山，并把太阳系中编号为 1802 的小行星命名为"张衡星"，足见其影响之巨大。

张衡自幼喜欢读书，通五经，贯六艺，尤其喜爱天文与历法。同时，他也对鸟类有着浓厚的兴趣，他观察着鸟类飞翔的姿势和动作，思考着鸟类能够升空的原理，他想，鸟类能飞翔，必定具有特殊的生理结构。恰巧有一天，他看见一只飞鸟因受伤而坠落在地上，就急忙跑了过去，替它包扎伤口，但那只鸟受伤过重，加上坠落时摔得很厉害，不一会儿就死去了。

这对张衡来说是个难得的机会，平时因爱鸟而不肯杀生，现在一只死鸟摆在面前，于是就对鸟的生理构造进行了一番仔细的观察和研究。在这个过程中，张衡头脑中萌发出一种奇想：能不能模仿鸟类的生理结构创造出一只可以飞行的机械装置呢？

后来张衡果真动手了，那种人造飞鸟完全是按照鸟的样子做成的，鸟的外表镶贴着五颜六色的羽毛，非常美丽；机械发动装置安放在鸟的肚子里。

试飞开始了。张衡将机械装置的机关拨动了一下，鸟的双眼立即睁开，双翅有节奏地鼓动，一会儿，鸟离开了地面，渐渐升到空中，向远方飞去。

地面上的人无不为这一奇迹而惊诧，而兴奋，而欣喜。不巧木鸟被一个正在打猎的公子哥儿看见了，他从来没见过这样奇怪的大鸟，便弯弓搭箭，一箭射去，正中鸟身。木鸟在空中摇摆了几下，突然快速飞奔起来，它越飞越快，一口气飞了三里多路。猛然间，木鸟打了几个旋儿，踉踉跄跄地跌落下来，"哗"的一声摔在地上，肚子开裂了，里面的轮子、转轴、杠杆、线绳撒了一地。

人们纷纷围了上来，惊奇地看着这些奇形怪状的东西，他们困惑着，议论着。

张衡为木鸟而花费的一番心血就这样付诸东流了。

（二）关于风筝的故事

1. 哈氏无钱领金奖

清末以来，北京风筝在国内外颇享声誉，最知名的风筝艺人是金福忠、哈国良、马晋、孔祥泽。

哈国良人称"风筝哈"。哈氏家族原经营建筑，后来利用建筑业淡季制作风筝出售，名声渐远。"风筝哈"第二代传人哈长英聪明好学，所制风筝颇具特色，1920年，他制作了一只8米高的硬翅类花篮风筝，还精心设计了许多造型新颖的风筝，从此哈氏风筝自成流派。哈氏第三代有兄弟姐妹五人，老五哈魁明技术最为全面，他把技艺传给了儿子哈亦琦，哈氏风筝遂留传至今。

1915年，在美国旧金山举办的巴拿马国际博览会上，哈长英制作的蝴蝶、蜻蜓、花凤、仙鹤四件作品分别获得了金奖和银奖。这使哈氏家族名声大振，一家人陶醉在荣誉带来的欢乐之中。

巴拿马国际博览会的奖章和奖状邮寄到北京和平门邮局，邮局通知哈长英前往领取。按当时邮政规定，领取金奖章要交两块银圆，领取银奖章要交一块银圆。哈氏家族虽技艺超群，生活上却十分困苦。接到通知后，一家人四处奔波，东拼西凑，好容易凑足了一块银圆，把银奖章取了回来，而金奖章则留在邮局里。

2. "抵羊"风筝

魏元泰是天津风筝的代表人物，人称"风筝魏"。他小时候随父到一家彩扎铺当学徒，后来在天津开了"长青斋"彩扎铺，经营风筝。魏元泰制作的风筝以清新明丽的风格著称于世，技术上则运用打眼、扣榫、锡焊等工艺，其制品极为轻巧，数尺长的风筝可以折叠装入 30 厘米左右的盒子里。1915 年，魏元泰将 14 只风筝送到巴拿马国际博览会上去，荣获了金质奖章。

魏元泰不但技艺上精益求精，还怀有一颗赤诚的爱国之心。1937 年，日寇大举侵华，抗日浪潮遂日趋高涨，在经济领域中，掀起了一场抵制日货运动。日本号称"东洋"，故"抵制日货"也就是"抵制洋货"。当时天津的一家工厂生产了一种"抵羊牌"毛线，以示"抵洋"倾向；魏元泰受到启发，动手扎制了一只高达一丈八尺的"抵羊"风筝，风筝表现了两只羊抵角的场面，羊尾上写有"抵羊"字样。他把风筝拿到西营门外放飞，在空中，两只羊互相顶撞，每顶一下，就有许多彩色纸片飞落下来，每张纸片都写着"抵羊"二字。在场观众无不喝彩，因为风筝激发了广大民众的爱国主义感情，坚定了他们反抗日本侵略者的信心。

后来，这只风筝又在北门外河边放飞，观者如海，欢声雷动。

3. 曹雪芹与于景廉

曹雪芹不但是一位伟大的文学家，而且是一位出色的风筝专家。但是，由于风筝在当时一般人的心目中没有什么地位，人们认为风筝缺乏书画那种雅致的品格，又没有器物那种功用，因此，凡有志进取之士皆不屑为之。然而，对于风筝在生活中的实际作用，曹雪芹却有着深刻的体验。

有一年，年关将近之际，曹雪芹的老朋友于景廉来访。于景廉字叔度，江宁人，从征服役期间脚受了伤，人们称呼他为"于瘸子"，近年客居京城，因家口众多，生计艰难，只得卖画为生。二人见面后，叙及往事，于景廉潸然泪下，说道："我家已经断炊三天了，在此严冬时节，借贷无门，儿女年幼，每每牵衣绕膝，啼饥号寒，这种状况简直叫人求死而不得啊！"曹雪芹听了以后，心中十分悲酸。二人相对无言，嘘唏良久。

曹雪芹当时也处在艰难困窘的境地，以自己的微薄之力，即使对朋友倾囊相助，也只不过是杯水车薪，于事无补。于是，曹雪芹就盛情挽留朋友住在自己家中，以求构想出摆脱困境的办法。

夜间交谈中，偶然提到了风筝，于景廉说："某府上有个公子购买风筝，一出手就是数十两银子，毫不吝惜钱财。这些钱足够我家几个月的开支。"说完慨叹不已。正好曹雪芹身边有现成的竹子和纸张，就当即为于景廉扎了好几个风筝，次日让他带走了。

这年除夕，于景廉冒着大雪来到曹雪芹家，酒肉蔬菜，载满驴背，并喜气洋洋地告诉曹雪芹："真没想到，三五个风筝竟卖了好价钱，所得酬金，应当共享。这下好了，可以舒舒服服地过个好年了。"

曹雪芹心中感到一阵说不出的欣慰，心想："当初于景廉前来告急之际，我正发愁无力相助，不料风筝竟能解决他的困难。古世之人，鳏寡孤独废疾者还能得到应有的给养，而今天像于景廉这样的人，一旦伤足竟不能自活，不辗转流离于沟壑的是极少有的。"

从那以后，于景廉便以制作风筝为业，而且慢慢地有了点小名气，所得的酬金足以养活家人了。曹雪芹的友人董邦达对曹雪芹的这种行为作了充分肯定，他说："济人以财，只能解其燃眉之急；济人以艺，斯足养其数口之家矣。"此后，于景廉不断地要求曹雪芹为他设计新的风筝图样。曹雪芹觉得应当做些于社会有益的事，于是动笔写《南鹞北鸢考工志》，将风筝制作技巧传给世人。曹雪芹在考工志自序中写道：

> 意将旁搜远绍，以集前人之成；实欲举一反三，而启后学之思。乃详察起放之理，细究扎糊之法，胪（lú，

陈列）列分类之旨，缕陈彩绘之要；汇集成篇，以为今之有废疾而无告者，谋其有以自养之道也。

从这段话中，我们一方面可以看出曹雪芹同情、体恤苦难残弱之人的仁爱胸怀，如同他的友人董邦达所说的，"好一片济世活人之心，知芹圃（曹雪芹的号）者能有几人"；另一方面，也可以看出曹雪芹在风筝方面的高深造诣，从而得知他的才能的全面和广泛，也如董邦达所说："雪芹真乃天下奇人！'天下才共一石，子建独得八斗'，余以此话赠雪芹，最为恰当！"

对曹雪芹，于景廉始终怀有深挚的感激之情，在一次朋友聚会时，他对好友敦敏说："当日若非芹圃救我，则贱躯膏野犬之腹也久矣！"曹雪芹听了以后说："适逢其会，无足挂齿。何况朋友本有通财之义，今后万勿逢人便道此事也。"于景廉说："受其惠者，能不怀其德乎？如我之贫，更兼废疾，难于谋生矣。数年来，赖此为业，一家幸无冻馁。以是欲芹圃定式著谱，庶使有废疾类余者，籍以存活，免遭伸手告人之难也。"曹雪芹说："叔度（于景廉的字）推己及人之见，余深然之，非过来人讵（jù，岂）能若此深切也？"

他们之间的深厚友谊于此可见。

4. 曹雪芹的绝技

乾隆二十三年（1758 年）腊月二十一日，曹雪芹与好友敦敏来到于景廉的家，于景廉把曹雪芹为他扎制的风筝拿出来，竟罗列一室，四隅皆满，没有一处空地。五光十色的风筝竞艳争辉，蔚为大观，使敦敏大开眼界。临走时，于景廉对敦敏说："雪芹所扎的人物风筝，绘制方法奇绝，其中宓妃与双童两个风筝，要算绝品之最。今日来不及去东城取，改日再一同观赏。"敦敏、曹雪芹与于景廉道了别，赁了一辆车子，载上风筝返回。

二十四日，敦敏在曹雪芹的提示下，在中庭扯起三根长绳，将所有的风筝都挂了上去，准备供友人观赏。过了一个时辰，过子和来了，发现风筝后，惊奇地问："为什么买来这么多风筝？"敦敏说："这都是雪芹的作品，从于景廉那里借来的。"话音未了，过子和惊奇地指着宓妃风筝说："前面站着的那个女子是谁？"敦敏应道："你把它看成真人了吗？其实那是一只风筝。"过子和半信半疑地凑上前去，那风筝是等身大小的女子，丰姿绰约，不冶而艳，两腿和腰肢装有活轴，可以扭动，过子和审视了好一阵子，说："我听说茅草扎的或木头制的人如果跟真人太相似，就不能放在靠近寝室的地方，以防不祥；倘若夜间看见，能把人吓出一场病来。"敦敏说："你说得对，等董邦达来看完后，就收起来。"

过了一会儿，董邦达来了，曹雪芹与敦敏一齐迎出大门；董邦达来到中庭琳琅满目的风筝跟前，一眼就看出是曹雪芹的手艺，就对敦敏和过子和说："如此绝妙之作，除雪芹外，他人不惟'见所未见'，亦恐'闻所未闻'。"

在董邦达的提议下，大家又来到太平湖畔看曹雪芹放风筝。

曹雪芹先是放"苍鹰"，他右手将风筝顺风一扔，左手一反腕子，滑开摇车，"苍鹰"在空中连续翻了二十多个跟头。大家以为是断了线，谁知曹雪芹是故意快速松线，线被风吹成一个大兜子。刹那间，曹雪芹用右手拢住风筝线，向后一拽，"苍鹰"忽地回转过来，又一翻身，然后直向高空钻去，这时"苍鹰"只有掌心大小，与远处的真鹰无法分辨了。观者无不叹服。过了一会儿，曹雪芹开始收线，他不时让风筝盘旋几圈；眼看快要收回了，曹雪芹却把线上下移动了一下，风筝一俯一仰；曹雪芹忽然把手高举，又猛然向地下一蹲，右手点地，这只"苍鹰"头朝下，尾朝上，直冲下地面，众人禁不住惊叫起来；只见曹雪芹猛一甩手，扔出一把线，"苍鹰"立刻翻回头来，直冲到天上，众人齐声叫绝。大家饱了眼福之后，曹雪芹把风筝慢慢收回，做了个带手，风筝就轻轻地落在他的右臂上。

接着，曹雪芹又放起"宓妃"风筝。孔祥泽在《懋斋记盛的故事》中描写了这一场面：

> 只见碧蓝的天空，衬着远处的疏柳，弓缘遇风，闪闪飘动，有如风吹碧波，远浪层层。风筝下面挂着许多小铃，在地面上远远听来，有似涛声。"宓妃"款款凌波徐步，腰肢微微扭动，婀娜娉婷，风流妩媚。观者仰首翘视，已不自知身在何处。

最后，曹雪芹又放起了"串鹭"，"串鹭"轻轻飞上天空，远远看去，像真的一样。董邦达对敦敏说："雪芹以天为纸，画了许多活动的画儿，这不是'一行白鹭上青天'吗！"

5. 鲁迅与风筝

鲁迅一向不爱放风筝，不但不爱，而且有些嫌恶它，认为那是没有出息的孩子所做的游戏。他的瘦弱多病的小弟弟却正相反，最喜欢风筝。但因家里穷，买不起风筝，鲁迅又不许他放，他只好张着小嘴，望着天空出神，有时一看就是小半天。鲁迅对此颇不以为然。

有一天，鲁迅忽然想到多日不见小弟了，又记起他曾在后园拾枯竹，便有所悟似的跑向堆积杂物的小屋，发现了小弟果然在那里，他正在扎一只蝴蝶风筝的竹骨，凳上还放着一对做眼睛用的小风轮。鲁迅十分恼火，即刻动手折断了蝴蝶的一支翅骨，又将风轮扔在地上，踩扁了。小弟失色地瑟缩着，站在那里，目光中透着绝望。

过了若干岁月，鲁迅已到中年。他偶然看到了一本外国的讲儿童的书，才知道游戏是儿童的正当行为，玩具是儿童的天使。这本书在鲁迅心中引起了强烈的震动，他回忆起小屋中对弟弟精神打击的一幕，心情十分沉重。

鲁迅想到了补救的方法：送他风筝，鼓励他放，和他一起放，嚷着，跑着，笑着……然而已经晚了：小弟跟鲁迅一样，已经有了胡子了。

鲁迅又想到了另一个补救方法，那就是请小弟宽恕。在一次见面的时候，鲁迅叙谈起这件事，承认自己当年的糊涂。

"有过这样的事吗？"小弟早就忘掉了。

1925 年，鲁迅写了一篇短文《风筝》，描述了当时的心境：

> 我还能希求什么呢？我的心只得沉重着。

现在，故乡的春天又在这异地①的空中了，既给我久经逝去的儿时的回忆，而一并也带着无可把握的悲哀。我倒不如躲到肃杀的严冬中去罢，——但是，四面又明明是严冬，正给我非常的寒威和冷气。

---

① 指北京，鲁迅当时住在那里。

三、风筝的制作与放飞

一只风筝能成功地飞升到空中，要经过若干道工序和行动步骤，其中包含着许多学问和奥秘。在这方面，我国风筝艺人积累了丰富的经验，因而使我们从中获得许多文化信息。

（一）风筝的制作

风筝的制作一般分为绑扎、裱糊、施彩、拴线四大工序。

1. 绑扎

制作风筝首先被考虑到的是风筝的骨架。第一步是选料，材料不但规定着风筝的坚挺程度，而且规定着风筝的审美风格。比如，在许多山区，人们用蓬杆、苇子做骨架，这种材料重量轻，但坚固性差，由于它们不易弯曲，因此适于直线式造型，如方块、角星、八卦等；近年，风筝材料不断创新，出现了钢管骨架，钢管坚硬度极高，支撑力也极强，用来做骨架则适用于巨型风筝，潍坊钢管厂就曾为第八届潍坊国际风筝会创作了巨型立体风筝《祝贺盛会》，展开面积为 160 多平方米。

但风筝最主要的、最常被采用的骨架材料是竹。竹子之所以受到人们的青睐，是因为它具备四方面的长处：一是质轻，有利于风筝飞升；二是坚硬，有支撑力，固定后不易变形；三是柔韧，可以弯曲，经烘烤更可随意赋形而不断裂；四是容易加工，竹子可顺纹理劈成任意粗细的竹条，以用来加工风筝的各个部件。在各种竹子当中，节距长、竹壁厚的大毛竹最为理想，大毛竹风干一年以上效果尤佳。

竹条粗细要根据风筝种类、部位等情况而定：大型风筝用粗竹条，小型风筝用细竹条；主干竹条粗，辅助竹条细。最常用到的是直径为 2—5 毫米的竹条。

竹条劈好后要进行刮磨。首先要用刮刀或刨子将竹条表面的青蜡皮刮掉，并使之粗细均匀，然后用细砂纸（或砂布）擦磨，使之光滑无刺。

竹条长短依风筝规模而定，用刀或小锯截取。应注意，制作大型风筝时，要选用竹青部分（即竹子外层），因为它的韧性要比竹黄部分（即竹子内层）强得多。

骨架结构要依风筝类型而定。板子类风筝骨架很简单，有"干"字形、"田"字形、六角形、八卦形等。"干"字形顾名思义就是由三根竹条扎成一个"干";"田"字形也如此,按"田"字字形绑扎;六角形风筝又被称为"七星风筝",将三根同样长短的竹条的中心扎在一起,然后等距离分展开来,这样就由中心分射出六根竹条,每两根之间为60度角,以此为骨架,六角可处理为相等的圆形或多边形,加上中间的圆或多边形,就组成了"七星";八卦风筝的骨架是两个同样大小的正方形交错相叠,再加上两条对角线,共十根竹条。(图1)

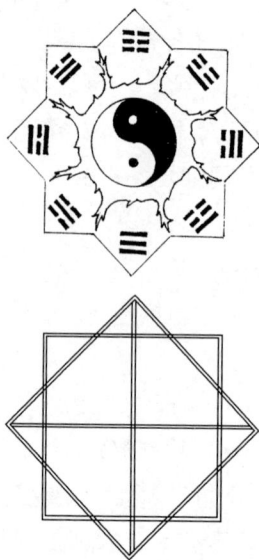

图1 八卦风筝及其框架

硬翅类风筝整体上像个"十"字形，竖向为躯干，横向为双翅。躯干中心骨架的典型模式是三根竹条中心相联结、相邻两根约为15度角（有些硬翅类风筝不需要这三根骨条），周边骨架则依内容需要来确定轮廓；双翅骨架上下对称，左右也对称，两侧相接处要烘烤弯曲，且向后倾斜，（图2、3）以便排风。

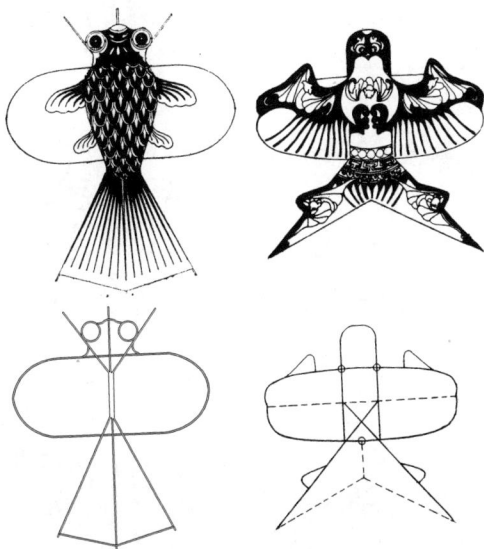

图2　活眼鱼风筝及其框架　图3　肥燕风筝及其框架

软翅类风筝的竖向躯体骨架比较复杂，它需要根据风筝的模拟对象的形状来处理，其典型结构为浮雕式造型，这更增加了扎

制的难度。双翅只需在上沿设左右对称的竹条，如果双翅面积较大，也可以加上辅助竹条作为支撑。(图4)

立体类风筝骨架是外轮廓竹条与内部起支撑加固作用的支条相结合，它要求每一根竹条的长度十分精确，以保证风筝在三维空间中形象的鲜明性。

关于绑扎方法，人们积累了许多经验。绕线的方法大体分为三种：

第一种是压头法，手指捏住竹条，缠压起线头，缠绕数圈，将尾线头穿入上一扣内，缠紧压线锁头，再绕一扣，将线头穿入，拉紧压线锁死。

图4　软翅蝴蝶风筝及
　　其框架

第二种是扣头法，压住线头，缠绕数圈，将线绾一环套住起线头，拉紧，再套一环，然后拉紧。

第三种是扣扣锁绑扎法，握住被绑绕的竹条和线头，持

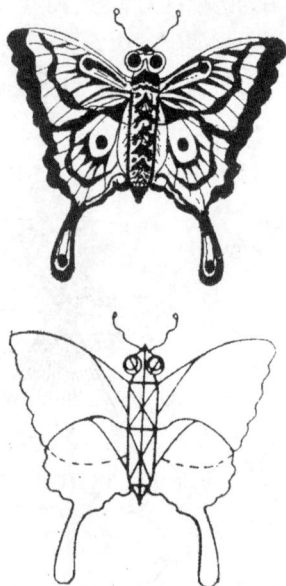

绑扎线的另一头，绕线一圈将线头从圈内的另一侧引出拉紧；绕线一圈后再将线头从圈内的另一侧引出拉紧，依次一扣一紧地绑扎。

骨架竹条的联结绑扎方法被归纳为四种。

一是十字绑扎法，又叫"交叉绑扎法"。将两根竹条或竹条顶端相交叉，用线缠绑数圈（以 4 至 6 圈为宜），再成十字交叉缠绑数圈，然后锁住。为了加固，也可将两根竹条各劈开一个小口，相插后再用十字绑扎法绑牢。

二是藏头绑扎法，又叫"卧头绑扎法"。将被绑扎的竹条顶端弯成 90 度角，绑入另一根竹条之上，然后缠紧，这种绑扎法的优点是竹条外缘光滑平整，不影响美观。

三是顺头绑扎法。又分为里顺绑扎、外顺绑扎和一边顺绑扎三种方法。

四是竹条连接绑扎法。把被绑扎的竹条的顶端连接处削成相同的斜度，拼接在一起，涂上胶，然后绑扎。

不论用哪一种方法，都不要使绑扎处形成疙瘩，以免给裱糊工序留下麻烦。

绑扎用线有多种，最常用的有棉线、丝线。棉线柔软，但不够结实，易断，长久保存容易腐烂；丝线虽然结实，不腐烂，但造价昂贵。近年尼龙线在生活中得到广泛的应用，用来绑扎风筝也很结实，但很松滑，绑扎后容易自动松脱。目前，绑扎风筝一般都喜欢选用白色涤纶线。

相传为曹雪芹撰写的《南鹞北鸢考工志》中有若干首关于制作风筝的歌诀，现录两首扎糊诀，虽谓"扎糊"，主要讲的却是"扎"。

肥燕扎糊诀

肥燕四四法最新，一头两腹齐尾根。

中间应照拍子计，主条七段皆等分。

两膀对扎似半圆，上条健直下条纤。

膀梢刮薄存弹力，糊成膀兜方自然。

尾竹宜软不宜硬，反使竹青须去性。

上端扎处循中线，首尾横平以为定。

论纸中间四正方，两膀各四力相当。

尾纸糊法同软翅，力求平整莫松僵。

膀角主要是存形，尾中配花须持平。

两者务必扎牢固，上大下小利泻风。

中路裆肥为保稳，收放不致左右倾。

瘦燕扎糊诀

瘦燕三三法更奇，一头一腹尾根齐。

头宽应是长之半，胸是膀条十之一。

中间仍照拍子计，两膀对扎扁圆拟。

上条健直尖子软，下条薄柔缓翘之。

十段等分论条架，膀梢瘦削方俏皮。

尾竹上端顶上膀，二竹交处中线及。

下端长短如何定？六五于十最为宜。

头腹相停裆略短，一五于十尤须知。

腿瘦狭长单面软，泻风左右不倾欹。

肥燕和瘦燕是北京风筝中非常有名的两种造型模式，从这两首歌诀中可得知其扎制的若干要领和技巧。在《半瘦燕扎糊诀》中，还提出："膀条上下分宾主，上要刚健下要薄。膀兜莫深尖子软，下条上随瘦膀梢。尾竹上端起何处？头下半段可扎牢。"在《雏燕扎糊诀》中写道："尾根必须扁软，竹青反用为佳。上条健直尖软，两杪都要薄刮。保稳全在泄风，膀兜浅且平滑。"这些经验之谈，可谓深中肯綮，非行家里手，莫能道其详。

绑扎要注意整体效果，框架要结实而美观；迎风面要平坦，宜于裱糊；拴脚线处要坚挺。总之，绑扎要为以后的工序打好基础。

2. 裱糊

裱糊是风筝制作中的又一重要工序，因为风筝的飞升，关键是风筝面承受风力的结果。

裱糊风筝所取的主要材料是纸、绢、涤纶、尼龙绸、塑料薄膜等，其中纸的运用最为普遍。

纸要选用质地轻薄而又结实的宣纸、桑皮纸，中、大型风筝也可用牛皮纸。

黏合剂用糨糊、胶水或白乳胶。

将风筝骨架正面均匀地涂上黏合剂，然后将风筝面裱糊在骨架上，再晾干。风筝面可以先按风筝的大小形状剪好再粘贴，也可以贴好后再顺骨架边缘裁剪。重要部位常用小纸片或小绢片进行加固，从正面边缘绕骨架卷到风筝背面，处于外轮廓线以内的主干竹条，也可从风筝背面用小纸片加固。板子类风筝常用一整块面料裱糊，蜈蚣风筝的腰节、鸟形风筝的双翅也是如此；但鸟形风筝的头和躯干、龙头等带有立体性，就要根据不同部位的需要用小块面料裱糊，注意小块面料接合处既不要留有空隙，又不要大幅度重叠。

风筝裱糊的基本要求是平整。平整的关键是风筝面的裱糊线与骨架高度吻合，风筝面拉得不能太紧或太松，太紧容易被骨架的弹力拉破，或粘贴处开裂，太松就会出现"大肚子"，影响放飞效果。

《南鹞北鸢考工志》中关于硬翅、软翅风筝的歌诀写得十分精当，虽谓"扎糊"，重点却在于"糊"。

硬膀扎糊诀

硬膀糊从两翅先，纸由条后搭向前。

膀线两端纸开口，先将稠糊涂外缘。

肩窝膀嘴须对扯，膀兜圆透要自然。

须势黏纸莫外折，待到黏牢再糊边。

边纸糊时莫过竹，最应留意在膀弯。

两膀凹处须一致，不然吃风必转圈。

受风泻风上中下，三停搭配重两端。

上部头是迎风主，胸腹随形有无间。

下部是尾主泻风，根软保稳不倒翻。

头小凹糊增风力，上大初记要平黏。

下尾条软最难平，轻黏慢卷始安全。

活头长尾当别论，畸形拟字须另参。

软翅扎糊诀

软翅扎时条最难，汗①不去透形必还。

主条受风应力大，反用竹青要烘干。

上条是主须刚健，若有下条宜扁圆。

轻巧玲珑论骨架，竹厚条密最为嫌。

仿真借助脱胎法，薄用纸浆肖容颜。

膀末糊时拢线牵，稠浆匀涂要平黏。

干透即可去拢线，再将稀糊裹纸边。

软翅专为摹形态，尤须神似栩栩然。

兔起鹘②落拟鹰准，下击上翻复盘旋。

最是多情双飞燕，左扑右闪逗云间。

金鱼浮泳常摆尾，彩蝶追逐喜翩跹。

鹭飞一行画青霭，雁排人字书苍天。

喜看长干小儿女，青梅竹马戏门前。③

---

① 汗，指竹子中所含的水分，新竹用火烘烤则会"出汗"，然后才能用来扎风筝。

② 鹘（hú）：一种善飞的凶鸟。

③ "喜看"二句：长干，地名，今江苏江宁县内。李白《长干行》："郎骑竹马来，绕床弄青梅。同居长干里，两小无嫌猜。"后用"青梅竹马"形容男女儿童天真无邪、诚挚相爱。

宓妃①何兴来天畔，婀娜娉婷步青莲。

世上万物自殊异，全在神存动态间。

软翅独能传妙趣，悟得斯旨可通玄。

诀中一语千般用，尖对尖时弯对弯。

在这两首歌诀中，裱糊的方法、原则写得十分周全详尽，可供我们制作风筝时参考，尤其是第二首，连软翅风筝的放飞效果也刻画得那样富有诗意，令人叫绝。

3. 施彩

如果说扎、糊工序规定了风筝的基本造型，那么绘彩工序则是风筝内容和形象的全部完成。

施彩的重要性还在于，风筝的审美属性在绝大程度上由这道工序所规定。绑扎给风筝提供了骨骼，而施彩则给风筝提供肌肤和服装。在李渔的剧作《风筝误》第六出"糊鹞"中，有一首咏唱风筝色彩的终场诗：

杨柳风高春已分，纸鸢头上乱纷纷。

赛人全仗丹青力，放作天边五色云。

要想在众多风筝中夺魁，"全仗丹青力"，足见施彩在风筝制

---

① 宓（fú）妃，伏羲氏之女，相传溺死洛水，遂为洛水之神。屈原《离骚》云："吾令丰隆乘云兮，求宓妃之所在。"三国时曹植曾写《洛神赋》。

作中的重要意义，靠了它，风筝放飞后才成为"天边五色云"。

施彩还勾勒出各种形象，燕子、仙鹤、鹰、蜻蜓、螳螂、蝉、莲花以及各种人物形象，都是在这一道工序中定型的。

至于风筝的审美风格，在相当大的程度上也取决于施彩技巧。

绘彩的材料是颜料和墨，工具是画笔。

由于风筝以放飞为目的，放飞后风筝与地面上的观众空间距离遥远，因此风筝绘彩的一项重要原则是色彩鲜明，线条醒目，只有这样，才能在远距离保持画面的可辨性和生动性。

只要留心观察一下就会发现，风筝在色彩搭配方面，相连接的两个色块一般不用类似色（又称邻近色、邻接色），而较多地运用对比色。在色环中，小于 90 度的各色之间叫做类似色，大于 90 度的各色叫做对比色。对比色达到 180 度，叫做补色，对比程度最强。成互补关系的两色并列在一起，会使每一色都得到强化，比如将成互补关系的红和绿两色并列在一起，红色看上去更红，绿色看上去更绿。在六色色环中，共有三对补色：红与绿互补，黄与紫互补，蓝与橙互补。（图5）对比色和互补色（亦即最大的对比色）的恰当运用可以使风筝色彩鲜亮斑斓，增强易见度①。在无色系中，白色与黑色也能构成鲜明对比。

当然，这并不是说风筝彩绘必须使用对比色，在有些情况下，也可将类似色相衔接，但要注意加强色彩变化的层次感，使人容易觉察色彩的过渡。

风筝色彩还要求有较高的纯度和明度，给人以舒朗之感，且忌画面脏、暗、乱。所谓"纯度"，指色彩的饱和程度或纯粹程度；所谓"明度"，指色彩的深浅明暗程度。风筝之所以要求高纯度和高明度的色彩，是因为风筝放飞后，离我们较远，观察时空气媒介相当厚，由于色彩透视的缘故，透视媒介越厚，就越趋向于灰色调，即纯度和明度有所降低，倘若使用纯度、明度较低的色彩，看上去很容易出现脏、暗、乱的效果。

图 5　六色色环

由于风筝多是表现喜庆吉祥内容的，因此以暖调子居多。所谓"调子"，又叫"色调"，是指画面色彩的整体倾向，在六色环中，红、橙、黄为暖色，就是说，这三种色彩给人以温

_____

① 易见度又称"能见度"、"可视度"，指色彩在视觉上容易辨别的程度。比如白纸上写黑字易见度大，白纸写浅黄色字则易见度小等等。

暖的感觉；绿色为中性色（有人将其归入暖色）；蓝、紫为冷色，即给人以冷清的感觉。冷暖感觉只是一种直觉，是视觉印象转化为温度觉（属于触觉）的结果。有趣的是，这种感觉居然被现代科学所证实：当红光照射寒暑表的时候，则温度上升；当蓝光照射时，寒暑表不动。

　　暖色给人以热情、活跃、兴奋、艳丽、喜气洋洋、蒸蒸日上的感觉，故最宜表达吉祥意蕴。在暖色中，红色最常被用到。红色与太阳相联系，故有高贵、温暖、光明的意味；它又与火相联系，故显热情；它还与血液相关，故给人以生命力旺盛的感觉。德国美学大师黑格尔认为"纯真的红色是一种活跃的基本的具体的颜色"，"符合带有丈夫气、统治地位和帝王威风的东西"①。日本学者塚田敢则指出："在中国，红意味着幸运、幸福、威严、婚姻喜事之类的事，是传统节日的色，恭贺的请帖通常用红底或一部分印有红色。"② 在中国人的传统观念中，红色是与吉祥最相吻合的色彩，年节门前贴红色对联；结婚时坐红轿子，新媳妇穿红袄，蒙红盖头，剪红"喜"字，铺红被子；生孩子送给邻里的鸡蛋是染红了

----

① 《美学》第三卷，第 274、275 页，商务印书馆 1979 年版。
② 《色彩美的创造》第 89 页，湖南美术出版社 1986 年版。

的，馒头也要蘸红；各种喜庆活动所使用的灯笼、鞭炮、绸带等等，也几乎一律用红色。这种色彩观念深刻地影响着风筝的创作，不难发现，风筝中不用红色的作品是极少的。

橙色活跃而浮动，属艳丽之色，与温情、甜蜜相联系，但它带有几分妖冶，故有人将其视为诱惑的象征。在风筝中，橙色很少作大块面的铺展，但作为点缀，它往往具有良好的视觉效果。

黄色明朗而欢快。它与金子、太阳相联系，故显得华贵辉煌，又与香蕉、柠檬、葵花、菊花、月亮相联系，故带有甜蜜、轻柔、娇美的情调。抽象主义画家康定斯基说："黄是一暖色，向观者迎面走来，向外放射着，在亮度增强里提高着自己……黄色具有物质的力的性质，它不自觉地向对象奔注，无目的地向一切方向奔泻。"[1] 塚田敢则指出："在中国，黄色被当作皇帝用色，一般的人是不准使用的。在今天，黄色之受中国人的欢迎仅次于红色，它意味着伟大和神圣。"[2] 与黄色相近的金色反光性能强，可创造出浓烈辉煌的气派和高贵圣灵的意旨。在风筝中，黄色常以较大的块面出现。

---

[1] 《欧洲现代画派画论选》第 136 页，人民美术出版社 1980 年版。
[2] 《色彩美的创造》第 90 页。

绿色与植物的叶子相联系，充满生气，给人以亲切感，它的表现性"来自它所唤起的对大自然的清新感觉"，① "绿色是生机盎然的象征，表示肥沃、富饶、大地上植物的年年更新生长。"② 人们把女子比作红花，同时也把男子比作绿叶，二者相辅相成，形影不离。在风筝制作中，绿色占有重要地位。

总之，暖色调为主，是风筝用色的突出特点。

风筝绘彩不同于一般绘画，为了不致使风筝在水质颜料中浸泡而发生变形，风筝绘彩一般采取干画法，而且要求分段落绘制，一种色彩画完后，晾干，再施另一种色彩。

绘彩和裱糊孰先孰后？这要依风筝内容和制作者的习惯而定。潍坊杨家埠和天津杨柳青的风筝，常将现成的年画裱糊到风筝骨架上，尤其是板式风筝，这种先绘后裱的工序很方便，但对软翅类（如燕、鹰等）来说，风筝的浮雕式的躯干则须先裱后绘，双翅既可以先绘后裱，也可以先裱后绘。

---

① 鲁道夫·阿恩海姆《艺术与视知觉》第 460 页，中国社会科学出版社 1984 年版。

② 卡洛琳·M·布鲁墨《视觉原理》第 130 页，北京大学出版社 1987 年版。

关于风筝的彩绘，《南鹞北鸢考工志》中也总结了许多歌诀，现录于下，以飨读者。

比翼燕歌诀

画时左青右紫以为地。色紫者在前，青者居后。青者眉作桃红，目润水绿。紫者眉作翠绿，目润桃红。余皆依此，互易其趣，不必拘泥。两翅内羽，不论画何花样，应以不违其时，尤须力求淡雅，不宜过艳。尾下各翎，乃交错笔法，前后深浅，亦须留意，不可倒置。

> 比翼双燕子，同命相依依。

> 雄羽映青彩，雌衣耀紫晖。

> 相期白首约，互证丹心誓。

> 展眉喜兴发，顾眄（miàn，斜着眼看）神采奕。

> 喁喁多深情，绵绵无尽意。

> 引领瞩遐观，襟怀犹坦适。

> 为筑双栖室，撷取连理枝。

> 卜居武陵溪，仙源靡赋役。

> 相敬诚如宾，真情非伪饰。

> 偕隐岂邀名？淡泊实素志。

> 连夜新春雨，花开不违时。

> 牡丹已葳蕤，红绿交相辉。

> 彩蝶翩翩来，迷花不知惜。

锦衣纨绮者，尽是轻薄儿。

耻与侪辈伍，联袂去云霄。

半瘦燕画诀

〔自注〕法以佛青为底，槐黄衬之，配以红、绿、湖、紫色等，宜力求鲜明夺目。

新燕至秋羽初丰，貌似少年弱冠容。

黄口犹存童稚意，青衿已具成人形。

神凝两目澄秋水，气贯双眉耸剑峰。

世事未谙多棱角，胸怀坦荡喜争雄。

清晨戏蝶翻花圃，黄昏逐蝠入云层。

邀集新雨觅仙境，会同故友访武陵。

奋翼千仞冲霄汉，展翅万里乘长风。

宇内翱翔无所羁，明春北返忆归程。

肥扎燕画诀

〔自注〕百福骈臻锦，彩蝶寻芳锦。法以靛青为底，嫩黄为衬，红花绿叶，和以蓝紫。

大地春回景色妍，燕子报喜到人间。

画拟人态形神备，笔法意匠体势全。

广额丰发腮含笑，眉梢上轩见喜颜。

红润眉心花绽蕊，绿泛眼膜叶勾连。

两目凝神须下视，一时洪福倒眼前。

领如满弓承双颊，胸似银瓶气度轩。

蓄势待发权在握，肘根腋翎必相衔。

两笔皆寻膀线起，位在中央不可偏。

腰列纹锦即尾羽，上寿福禄在两端。

二尺一节尤须记，尾翎似盆节下悬。

主尾展开八字势，四翎适为一个宽。

两膀画作菱角形，肩领双钩月半圆。

铁肩高耸凌云志，一展遐龄可齐天。

翎如尺数各加十，上起中线下到弯。

羽内纹锦花一簇，红桃绿柳色最鲜。

五福捧寿桃花瓣，十绿全臻柳叶尖。

彩蝶双双飞上下，不负春光舞翩跹。

瘦燕歌诀

画以烟黑为底，衬以嫩黄，九蝠作大红，配之以绿。腰间金环略以鹅色入黄，位于尾羽之端，和之以朱红、石绿、石青、湖蓝、浅紫等色，必使艳而不厌，繁而不烦。

纤纤瘦燕舞临风，竟掠翩跹上九重。

天际频传钲鼓乐，云端隐闻丝竹声。

花雨阵洒仙凡路，红灯遥映碧霄宫。

为貌娇姿拟人态，须将意匠写神形。

金盘舞起羽衣飘，锦绣仙裙束细腰。

万缕情思双髻上，一段风流两眉梢。

盈盈笑含樱口闭，脉脉情余比目意。

眉心蹙纹翠点碧，眸外花颜红润玉。

鬓云覆颈衬玉领，细指捧心愈增妍。

红巾一幅缀素锦，酥胸双凸柳腰纤。

翡翠珊瑚镶宝带，雾縠冰绡束金环。

环带锦饰三元寿，裙缘彩多蓝紫绣。

福禄连绵绕仙桃，回纹万转玲珑透。

乐奏归风送远曲，秾歌艳舞凤笙倚。

锦瑟凝歌曲似终，绛幅缤纷舞又起。

仙袂拂云翩翩飞，珠袖临风飘飘举。

胭脂霞帔石榴裙，红映九霄晴空里。

尘缘未尽一线牵，瑶池罢宴返人间。

谁信无方能持后，应许掌上看留仙。

雏燕画诀

雏燕如何来画？拟人是胖娃娃。

肢短头宽且大，尾小羽稀有差。

双瞳澄似秋水，两颊艳若荷花。

眉开眼里含笑，黄口呢喃学话。

心头洁白天真，胸中坦率无暇。

孺慕情意拳拳，除此那有牵挂。

春末习步花丛，夏初学飞林下。

时伴彩蝶翩跹，偶随鹪雀穿架。

捉捕蟆螣蟊贼，巡田搜苗护稼。

吴恩裕所著《曹雪芹丛考》（上海古籍出版社 1980 年版）中，转述了孔祥泽《懋斋记盛的故事》关于曹雪芹风筝绘制技巧的一段话，可以显示出清代风筝彩绘水平，现录于下：

董邦达看到曹雪芹的"比翼燕"风筝时，不禁叫绝，指着"比翼燕"膀内飞向牡丹花丛的一只彩蝶问道："雪芹此笔法来自何处？"雪芹说："此不得不如此之笔也。盖两色相犯过近，极易混淆，故用此法。余睹西洋画后，吸其用色之长，作此'迷笔'，幸勿以杜撰见笑也。"董固为知名画家，在大内供奉多年，既知画，所见名作甚多。故雪芹甫言"迷笔"，立即领悟曰："以伪代真，移幻于实，此真画法之独创也！我亦当效颦试之。"言已，问过子猷道："子猷视此彩蝶落在花上抑未落耶？"初，敦敏与过子龢远观，谓彩蝶贴于纸上或挂于纸上。及经近观，始见此彩蝶实则画于纸上。经董挽两人后退几步再看，则此彩蝶又似"飞离地面，凌空翩跹"矣。敦、过殊以为异。董笑曰："此即迷笔之妙，前所未有也。"之后，董又翻阅《南鹞北鸢考工志》中之"比翼燕"细察雪芹所创"迷笔"之效。看到"宓妃"绘图中头脸彩图时，董对雪芹说："此色彩诚为奇绝，何以如此鲜明如阳光曝照耶？"雪芹答道："历代画家，都以纯色为主，深浅无非以白粉冲淡而已，虽繁而实简。唐代王维曾有复色明暗之法，但其画真迹传世者极少，未可推求。实则物物有色，无非因其映于目中，受光所照，故有五色之多。需从家藏《织造色谱》中稍窥西洋染色之精要，（中略）乃试以他色代主色，分阴阳，别深浅，画成'宓妃'之头脸，贻笑方家，幸多指教！"

4. 拴线

传统风筝线以棉、麻、丝为之。棉线价格便宜，质地柔软，故很普及，但不够结实，只宜放规模较小的风筝；麻线也较便宜，比棉线结实得多，可放较大型的风筝，但麻线质地较硬，且价格要比棉线贵；丝线既结实又柔软，且耐磨，是理想的材料，但价格较昂贵，故民间很少用。清人杨燮在《锦城竹枝词》的附注中还提到，小型风筝常用"马尾代麻线用，谓较轻些"，但马尾不太容易得到，故很少使用。现代人除棉、麻、丝外，还取用化纤材料的线制品，如涤纶线、尼龙线等，这类线价格不贵，且抗拉力很强，因而颇受欢迎。

风筝线一般不直接拴到风筝上，而是通过脚线与风筝连接的。脚线又称"提线"、"定线"、"中线"、"稳线"。脚线与风筝线的连接处叫作"牵引点"。

脚线的数目和拴线的位置对放飞的效果至关重要。

拴一根脚线（也就是把风筝线直接拴到风筝上）的风筝有鹰风筝、立体宫灯形风筝、双燕风筝、飞机风筝等，拴线位置必须是在风筝的纵向轴心线的上方，只有这样，才能在放飞时保持平衡。比如鹰形风筝脚线拴在嘴上，双燕、飞机风筝脚线拴在胸前，立体宫形风筝脚线拴在上口。

拴两根脚线的风筝有硬翅风筝、软翅风筝、中小型板子形风筝。拴线位置的共同之处是必须把两根脚线都拴在风筝的纵向轴心线上，以使风筝保持左右平衡。其上下位置为：硬翅风筝多将上脚线（又叫头中线）拴在中心托条的上翅条上，下脚线（又叫肚皮中线）拴在下翅条上；软翅风筝的上脚线多拴在前胸，下脚线拴在腹部；板子风筝上脚线一般在上端的横条上，下脚线拴在中横条上。脚线长度（即脚线在风筝上的拴接点到牵引点的距离）因风筝规模而定，风筝大则脚线长，风筝小则脚线短。一般地讲，脚线约等于风筝横向宽度的一半，或更长一些；两根角线长度也有差异，上脚线稍短，下脚线稍长，拉直后，上脚线与风筝面大致呈直角，而下脚线则稍倾斜，两线夹角在25°至45°之间。

面积在1平方米以上的中型或大型风筝，一般要拴三根脚线。拴三根脚线的长处一是扶持面大，使风筝在风中坚挺牢固；二是风筝被三点固定，更容易保持平衡。三根脚线的普遍模式是上二下一，上边两根脚线拴在肩胸位置，下脚线拴在腹部，上方的两根脚线的拴接点与风筝的纵向轴线距离相等，下脚线恰在纵向轴线上，只有这样才能保持风筝的平稳。上下脚线长度的处理原则与两根脚线的风筝大致相同。要注意两根上脚线要长度相等，以使风筝左右两侧承受的风力相等，从而保持平衡。

串类风筝除了要拴与放飞线连接的脚线外，还要拴上将各个单元（如龙头蜈蚣的腰节）贯串起来的脚线，一般原则是：（1）使用三根脚线贯串至尾部；（2）各个单元之间的脚线长度要相等。

（二）风筝的放飞

风筝经过了绑扎、裱糊、施彩、拴线等复杂工序之后，终于制作成功，而风筝的制作，乃是为了放飞。马克思说，"一件衣服由于穿的行为才现实地成为衣服"。[①] 同理，一个风筝，由于放飞的行为才现实地成为风筝。陈宗和的《青门诗抄》说出了这一层意思：

> 一叶风筝忽上升，轻浮竟遇好风乘。
>
> 任他高入青云路，牵引无非仗宝绳。

唐代诗人元稹的《有鸟》诗中也有"有鸟有鸟群纸鸢，因风假势童子牵"之句，都是讲放飞行为使风筝升天的道理。

1. 放飞的原理

放风筝看起来好像很简单，但放得好却不容易，这项活动包含着许多力学原理。归纳起来，主要是飞升力学原理和平衡力学原理。

[①]《马克思恩格斯选集》第2卷，第94页。

(1) 飞升力学原理

地面风与地面大都是平行的，轻盈的物体在风力作用下只能作水平运动，决不会升入空中。风筝之所以能够升空，其中自有奥秘。风筝面与风向的关系有三种情况：第一，当风筝面与风向完全一致时，风筝基本不动；第二，当风筝完全与风向垂直时，就只能作水平运动；第三，只有当风筝的迎风面与风向构成一定角度时，才能产生升力。为什么呢？

倾斜的风筝迎风面所受的风力本来是相等的，但由于风筝被放飞者所牵动，因而对风形成了阻力，而风筝背后则形成了一块低压区，这样，迎风面的压强就高于背风面的压强，风筝自然会向后退却。风筝的迎风面是斜朝地面的，而背风面是斜朝天空的，因此，所谓"向后退却"实际上是向斜后上方退却。在放飞者的操纵下，风筝线逐渐放松而增加长度，风筝便升入高空了。

风筝虽然在风力作用下向斜后上方运动，但有的风筝放得高，有的风筝得远，这是什么道理呢？答曰：迎角（风筝迎风面与水平线的夹角）直接规定着放飞的高远效果。

迎角越小（风筝迎风面与风向越接近平行），风筝的兜风力就越小，而下方的排风量就越多，风对风筝所产生的纵向升力越大，这样的风筝宜于放高；与此相反，迎角越大（风筝迎风面与风向越接近垂直），风筝的兜风力就越大，而下方的排风量就越少，风对风筝所产生的横向推力就越大，这样的风筝宜于放远。

迎角的大小取决于脚线的位置和长短关系。以两根脚线的风筝为例，倘若上下脚线的长短关系固定，那么，下脚线的位置越高，放飞后迎角就越小，因而风筝会放得比较高；下脚线的位置越低，放飞后迎角就越大，因而风筝会放得比较远。倘若上下脚线的位置固定，那么，下脚线越长（上脚线相对越短），则迎角越小，风筝放得高；下脚线越短（上脚线相对越长），则迎角越大，风筝放得远。

我们虽然可以通过对脚线位置的选择和长度的调节来控制迎角，进而控制风筝的高远，但这种控制是有一定限度的。倘若迎角太小，风筝在空中与风向接近平行，兜风力就会过小，必然飘浮不定，失去稳定性；倘若迎角太大，风筝在空中与风向接近垂直，兜风力就会过大，风筝就只能作接近水平方向的运动，无法升到空中。因此，所谓放高和放远，只是相对而言，只能在一定的范围之内加以控制和调节。

迎角大小还要与风力相适应，风力过大，迎角应相对小些，以免风筝被风吹毁；风力小时，迎角应相对大些，以利于放飞。

除迎角外，风筝不同的结构部位也影响着风筝的飞升。一般说来，面积大的部位（如软、硬翅风筝的双翅）兜风力大，飞升力也就强；反之，面积小的部位（如软翅风筝的浮雕式躯干）兜风力小，飞升力也就弱些。比重大的部位重力大而飞升力弱，比重小的部位则重力小而飞升力强，最明显的例子是龙头蜈蚣，龙头比重大，几乎没有飞升力，无法放飞，而腰节片则比重极小，飞升力也就很强，因此龙头蜈蚣完全是靠众多的腰节片的作用而飞升的。

(2) 平衡力学原理

中心对称的平板类风筝（如圆形、正多边形、八卦等），下方常见一根或多根长长的飘带或飘穗，放飞时随风筝摆来摆去，煞是好看。其实，飘带或飘穗虽然具有装饰效果，但其作用更在于使风筝平衡。风筝下方的饰物使风筝重心下沉，避免了因头重脚轻或头脚并重而造成的翻滚失衡现象。这样做是利用了坠重平衡原理。

我们还发现，龙头蜈蚣的每一片腰节都有一根横向支条，两端都有美丽的羽毛，这当然也是富有装饰性的，但它们像杠杆一样维持着风筝整体的左右平衡，避免了龙头不规则的摇摆和旋转。这样做是运用了杠杆平衡原理。

我们又注意到，硬翅类、软翅类风筝都采取对称造型，硬翅类双翅后翘，风从双翅中间向两侧流出，当两侧排风量相等时，风筝左右就平衡了；软翅类双翅上方有竹条支撑而下方没有，风经坚硬的上方向松软的下方排出。创造出特定的造型结构，使风顺预期的方向流动，叫作定向排风原理。通过对称性的定向出风，达到使风筝稳定平衡的目的。因此，硬翅、软翅风筝要求左右两侧大小、角度、重量都相同，即要求严格对称，使两侧所接受的风力相等。

2. 放飞的条件

放风筝需要具备主客观两方面的条件。

(1) 主观条件

放风筝的主观条件是放飞者的有关知识、经验和技巧。这是一项专门技能，要经过一定的学习与训练才能掌握。

(2) 客观条件

客观条件包括风力、季节、湿度、场地等方面。

首先是风力条件。风力的本质是风速，风速与风力成正比，风速越快，风力越大。一般把风力按速度划分为十二级：

0 级为无风，风速为 0—0.2 米/秒，炊烟直上，树梢静止不动。

1 级为软风，风速为 0.3—1.5 米/秒，炊烟倾斜，树梢轻度摇摆，但风向标不动，人的感觉亦不明显。

2 级为轻风，风速为 1.6—3.3 米/秒，人的皮肤有感觉，庄稼摇动，树叶微响，旗子飘扬，风向标随风转动。

3 级为微风，风速为 3.4—5.4 米/秒，细树枝和庄稼摇摆不止，旗子招展。

4 级为和风，风速为 5.5—7.9 米/秒，地面灰尘、纸片被刮起，庄稼、草地波浪起伏，小树枝摇动。

5 级为清风，风速为 8.0—10.7 米/秒，江水有小波，庄稼起伏明显，有叶的小树摇摆。

6 级为强风，风速为 10.8—13.8 米/秒，大树枝摇动，电线呜呜作响，撑伞困难。

7 级为疾风，风速为 13.9—17.1 米/秒，全树摇动，迎风步行困难。

8 级为大风，风速为 17.2—20.7 米/秒，吹断小树枝，步行阻力很大。

9 级为烈风，风速为 20.8—24.4 米/秒，普通房瓦被掀起，大树枝被折断。

10 级为狂风，风速为 24.5—28.4 米/秒，树木被拔起，一般建筑物遭到破坏。

11 级为暴风，风速为 28.5—32.6 米/秒，大树被吹倒，建筑遭受严重破坏。

12 级为飓风，风速为 32.7—36.6 米/秒，建筑物、森林等遭受极其严重的破坏。

一般说来，0 级和 1 级风无法使风筝飞升；在 2—3 级风中，可以放面积在 0.1 至 0.5 平方米的小型风筝，比如软翅鹰、软翅燕、软翅蝴蝶等，也可以放重量较轻的小硬翅风筝；在 3—4 级风中，可以放面积在 1 平方米左右的大型风筝，比如人物风筝、七星风筝、八卦风筝、筒形风筝和串类风筝；在 5 级风中，软翅类风筝不宜放飞，最好放面积在 2 平方米左右的巨型风筝，而且要求用结实的风筝线（如尼龙线、丝线等）；在 6 级风中，一般风筝不宜放飞，只能放个别特制的风筝；风力在 7 级以上，各种风筝均不宜放飞。

其次是季节条件。宽泛地讲，风筝在任何季节均可放飞，但最佳季节是春季和秋季。春秋两季的温度适宜人的户外活动，而且风向较稳定，风力较适中，适于放飞。在春秋两季中，清明节前后与重阳节前后放风筝的人最多。除了气候的原因外，也与习俗有关，因为这两个节日正是人们进行踏青、郊游等野外活动的时间。

夏季放风筝者很少，这是因为：其一，夏季的风大都软而无力，且不稳定，时吹时息；其二，夏季气候潮湿，风筝与放飞线容易受潮，倘遇大雨，则会损坏风筝；其三，夏季气温炎热，在野外长时间承受日光的照射使人不适。冬季放风筝者同样很少，其理由与夏季正相反：一，冬季风力过强，一般风筝无法放飞；二，冬季空气凝重，且多雪；三，冬季寒冷，户外只适于作运动量较大的锻炼项目，而放风筝这种相对静态的活动显然是不相宜的。

再次是空气湿度条件，阴暗潮湿的天气是不适于放风筝的，大气中的水分附着在风筝上，一来增加风筝的重量使之难以放飞，二来容易使风筝纸面受浸破损及容易使粘贴处脱裂。因此，放风筝应选择晴朗干燥的天气。

放风筝还需要一定的空间条件，最好选择空阔的场地，有树木、电线杆、楼房的地带不宜放飞，这一方面是因为它们会成为放飞的障碍，另一方面是因为有楼房的地带风向与自然风风向不一致（风受楼房的阻力而改变了原来的方向），而且不稳定。因此，高楼林立的城市中心是不能放风筝的，这里的风筝迷们只能跑十几里乃至几十里路来到郊外"过把瘾"。

3. 放飞的方法

小型风筝可以一人放飞。一般说来，接近地面风的风力较小，因此，在多数情况下需要助跑，即将风筝面迎风向上抛起，立即扯动放飞线迎风奔跑，这样做实际上是加大了风速；为了使风筝飞升，还要边跑边松动线车，使放飞线逐渐加长。如果风力过大，则需顺风小跑，以达缓和风力之效，使风筝飞升。两个人合作放飞把握性更大一些，一人手持放飞线，助手在10～20米远的下风处手举风筝，使之前倾5°～10°，在同一瞬间，助手抛出风筝，放飞者牵动线绳并助跑。放串类风筝需要众人合作，助手们顺风向等距离站成一排，将风筝共同举起，然后同时抛向空中；也可以逐段进行，即先放尾段，然后逐步向前推进，这样，助放人员可以酌情减少。巨型风筝也需要多人合作放飞，比如解汇泉创作的《鲤鱼跳龙门》在参赛时是由24人的共同努力才能将其送上空中的。

风筝放飞的高度，要与风筝大小相适应，一般说来，小型风筝高度在三四十米即可，不要超过 60 米；中型风筝可放高 100 米，大型风筝可超过 200 米（指绝对高度，风筝线长度可达 300 米）。当然这只是就一般情况而言，许多人远远突破了这个数字，目前，风筝放飞最高的纪录是 1969 年 7 月 13 日美国印第安纳州的中学生加里放出的风筝，绝对高度为 10 830 米，放出的风筝线长达 17 000 多米。

关于风筝放飞，人们积累了许多经验，其中京津风筝艺人的四句口诀颇有概括性：

> 风筝下沉，则轻提之；
>
> 风筝倾斜，则徐带之；
>
> 风筝右偏，则右掖之；
>
> 风筝左偏，则左掖之。

意思是：当风筝下沉时，要轻轻地向上提拉风筝线；当风筝倾斜时，要把手高高举起，慢慢向后拉，加大兜风力而使风筝上升；当风筝向右偏时，就将风筝线向右横拉（达到使风筝左方吃重的目的，从而让右方提起）；当风筝向左偏时，就将风筝线向左横拉。

在《南鹞北鸢考工志》中"瘦燕歌诀"之后，有一段谈放风筝方法的附注：

　　"纤纤瘦燕舞临风"者，乃状其起放时有左右舞动之态，盖以瘦燕扎法乃经变格，纸架计算，不依方正。受风之始，必然摆荡，不必慌张失措。"竟掠翩跹上九重"一句，则云：趁风之势，骤然给线，任其摆动，至风拖起尾，然后猛力挽住，视其上钻，若仍左右大荡不已，则猛力后扯，震动其膀……

这段文字对于我们来说，有着重要的参考价值。

　　放风筝还要注意与其他放飞者的距离关系，注意不要靠得太近，以免发生风筝线互相缠绕的现象。在风筝比赛中，为参赛者提供的场地为：长80～150米，宽80～100米。每条道位宽10米，长80～100米，以每条道位两端的起、终点线为基准，分别划出两个宽10米、长15米的长方形留空计时区。这是《中国风筝竞赛规则》第六章第十四条对放飞场地所做的规定，有关数字可以当作日常放风筝的参考。当然，在具体操作时，还要视风力和风向而定，风力较大时，放飞者之间距离应尽量拉大一些，因为风力大时绞线就很难处理；风向不太稳定时，距离也应拉大一些，因为风向的改变可能使本来相距较远的风筝互相靠近，增加了风筝线互相绞缠的可能，因此，当风向改变时，放飞者应及时对自己的位置作适当调整。另外，还要警惕周围那些摇摆不定、翻跟头、旋转、侧飞的风筝，这类风筝最容易"侵犯"其他风筝。

风筝放多长时间由放飞者自由控制，在天气晴朗、风向和风力较稳定的情况下，可以长时间放飞；倘发现降雨征兆，可及时停止放飞。

停止放飞即是收线过程。由于越远离地面，风力越大，因此收线必须小心谨慎，动作要缓慢平稳，且忌用力过猛，尤其是在放线较长的情况下，用力过猛就会导致断线。在放大型风筝时，要有多人协助收线。风筝降落越接近地面，风力就越小，收线速度就要适当加快（当然也可能出现气候变化，收线过程中风力加大了，这要根据具体情况而定）。当风筝落至离地面 3 米左右时，放飞者和协助人员应及时认准风筝落地趋向，将风筝托住，且不可任凭风筝直接跌落到地面上，大型串类风筝更需众多人员配合承托，以保证风筝完好无损。

风筝收回后，要检查一下破损与否，比如有无边缘脱胶、中间穿孔、脚线拴接处松动、放飞线因拉力而局部绽线等情况，如有，要进行修补加固，以保证下一次顺利放飞。

四、风筝的风格

什么叫风格？法国杰出的文学家布封说："风格就是人。"这一命题受到了马克思的充分肯定。

每个人都有自己独特的经历，从而形成了独特的世界观、人生理想、审美修养、性格气质、能力技艺等等。对于从事美的创造活动的人来说尤其如此，他的作品就是他的心灵世界的外化，从而显示出独特的、有别于其他人的面貌，这就是他的创作风格。古人云："文如其人。"其实，一切审美产品都是如此。在严格意义上，每一件审美产品都具有自身的风格。

相近的风格被人们加以归类。比如壮美（又称"阳刚之美"）风格、秀美（又称"阴柔之美"）风格，这是宏观的分类；也可以作细致的分类，比如唐代文论家司空图把诗歌分为雄浑、清淡、纤秾、沉着、高古等 24 种风格，捷克美学家欧根·希穆涅克把美分为崇高、英勇、悲壮、庄严、动人、哀怨等 38 种风格。实际上，风格的种类很难用具体数字加以限制和涵盖。

风格的特征大都靠审美体验来界定，其表述方式也往往带有浓重的描写色彩。这是因为：风格的显现是具体的、形象的、感性的，唯其如此，它才是生动的、活跃的，如果靠抽象的、概念的、数学的方式去划定，则只能使审美对象变成僵死的、枯燥的、毫无生命的存在。

在这一节中，对风筝风格的分析大致从风筝的类型、风筝的规模、风筝的技艺、风筝的构思、风筝的产地等五个方面展开。力求从美学的高度浏览丰富多彩的风筝世界，并给予尽可能合理的描述。

（一）风筝的类型与风格

关于风筝的分类，众说不一。各种见解都具有一定的合理性。综合起来，大约有以下几种分类方法：

有人按内容将风筝分为动物形状类（如沙燕、蝴蝶、鹰、鸢、金鱼、蝙蝠、蜈蚣等），植物形状类（如桃子、大白菜、葫芦、萝卜等），人物形状类（如寿星、仙女、童子等），物品形状类（如扇子、挂钟、宫灯等），其他形状类（如八卦、七星、字形等）。

有人按形象将风筝分为鸟形风筝（如鹰、燕、凤、鹤等），虫形风筝（如蜻蜓、蝉、蝴蝶等），水族形风筝（如鱼、蛙、蟹等），人物形风筝（如孙悟空、飞天、胖娃娃、老寿星、散花天女等），字形风筝（如双喜字、福字、寿字等），器物形风筝（如花篮、扇子、钟、宫灯等），变形图案及几何图形风筝（如瓦片、八卦、五角星等）。

哈魁明、哈亦琦在《中国哈氏风筝》（香港商务印书馆1986 年出版）一书中提出按结构来划分，分类结果为：硬翅类（翅膀上下方均有竹条），软翅类（翅膀上方有竹条，下方为软边），硬拍子类（中间和四周有竹条，背后不用线而将整个风筝面拉成弓形，尾部系长绳或串穗），软拍子类（中间和四周有竹条，背后用线将整个风筝面拉紧成弓形，尾部系长绳或串穗），串类（几个至几百个风筝接连在一起），伞翼类（用三角形骨架支撑或无骨架而拉成弧形），立体类。

蒋青海在《中国风筝》（江苏科学技术出版社 1991 年版）一书中提出了按风格分类的原则，将风筝分为传统的民间风筝、宫廷风筝和创新风筝。民间风筝又称"民式风筝"、"传统风筝"或"鹞鹰风筝"，带有浓厚的乡土气息，质朴粗放；宫廷风筝又称"京式风筝"，追求精致华贵；创新风筝又分传统型创新风筝和现代型创新风筝，前者是在传统基础上革新创造，后者则富有时代感，以全新的面目出现，如"直升机"、"宇宙飞船"、"火箭"、"收录机"等前所未有的形象。

徐艺乙在《风筝史话》（北京工艺美术出版社1992年出版）一书中将风筝分为平板、象形、创新三种类型。平板型又叫"沿海型"，流行于沿海一带，以六角形居多，民间称之为"板鹞"；象形型又叫"内陆型"，特征是模仿飞禽、鱼虫等自然物；创新型又叫"综合型"，是在传统的基础上进行创新的风筝。

还有人从用途上加以分类，将其分为特技风筝（比如能在空中左右翻滚、变换颜色等，突出竞技性和表演性），装饰风筝（不太重视放飞效果而注意色彩和造型，是室内装饰工艺品），蜈蚣玩具风筝（普通风筝，价钱便宜，易于放飞），科研风筝（如进行气象探测、作为无线电天线等）。

还有种种分类方法。

其实，风筝像其他事物一样，可以从不同角度加以分类，从而得出不同结果。上面所列几种分类都有相当的合理性，将其综合、整理、改造，即可得出如下七种角度的分类：

按风筝的空间形式，分为平板类，曲面类，立体类；

按风筝的形象内容，可分为模拟类（又可分为动物形象、植物形象、人物形象、物品形象等类），几何类；

按风筝的构成关系，可分为独体类，串体类（如蜈蚣、串雁等）；

按风筝的造型结构，可分为硬翅类，软翅类，平板类，立体类等；

按风筝的实际用途，可分为游戏类，装饰类，科研类；

按风筝的视听效果，可分为无声类，鸣响类；

按风筝的尺寸规模，可分为巨型、大型、中型、小型、微型。

1990 年，由国家体委审定的《中国风筝竞赛规则》中，将风筝按形状分为 11 类：龙类（含蜈蚣类）、板子类、立体类、软翅类、硬翅类、软翅串类、硬翅串类、板子串类、其他串类、软体类、复线操纵类。这种分类较为概括、简易，也比较容易掌握。

按照"规则"的这一思路，我们还可将风筝简化为硬翅类、软翅类、平板类、立体类、串类、自由类六种。

风筝的审美风格因类型不同而相异。

1. 硬翅类

硬翅类风筝用两根横向竹条做翅翼的骨架，双翅稍向后倾，每翅上下两侧边缘略高，中间略凹，形成通风道，放飞时风顺两翅中间向外排出。从骨架结构上看，硬翅风筝属于曲面造型。

硬翅风筝制作简单，飞升力强，容易放飞。其双翅的大小、形状、角度是相同的，使风筝整体具有了对称之美，这种对称美即使在放飞时也不改变，因而在空中显得具有稳定感。曲面造型丰富了风筝的空间形式，与平板类风筝相比，更觉曲折多变。曲面造型并未妨碍制作者发挥绘画技巧，它描绘物像的题材仍是十分宽泛的，仅80年代以来，就涌现出大量优秀作品，比如《刘海戏金蟾》、《嫦娥》、《鸳鸯戏莲》、《仙童骑虎》、《麻姑献寿》、《宝钗扑蝶》、《天官赐福》、《钟馗脸谱》、《猪八戒背媳妇》、《荷花》等，都创作得很成功。由于硬翅风筝整体正面观看效果多为"十"字形，因而所描绘的物像大都是单一形象，如果有两个以上的表现对象，则总以一个形象为中心，这一形象大都占有全面的纵向空间，而横向空间的外沿（即两翅的外沿）则可以留有余地，处理成空白，这种以纵向轴心为主、以横向双翼为辅的绘画布局更增强了视觉上的稳定感。硬翅风筝边缘有竹条支撑，故又具有轮廓分明的特点，放飞时，在蓝天的映衬下显得格外醒目。

2. 软翅类

软翅类风筝只有一根横向竹条做翅翼的骨架，双翅的下端是软性的，没有竹条依附，因此它的纵向主体骨架多取用浮雕式，以增强在空中的稳定性。

软翅风筝像硬翅风筝一样，多取对称结构，不过，它更强调纵向轴线的作用，纵向主体骨架制作要求较高，也更讲究精致，其浮雕造型也具有较为丰富的空间。由于双翅下端为软性的，因此在放飞时就形成不规则的快速摆动，从而失去了严格的对称而显得舒朗自由。它在空中的形象似乎不如硬翅风筝稳定，却具有令人陶醉的飘逸感。它的轮廓也不如硬翅风筝明晰，但双翅下沿闪烁不定却别有一番风采。软翅风筝纵向躯干为立体，翅翼为平面，而且在风力的作用下扑打扇动，这一造型和动态恰与禽鸟、昆虫的飞翔状态相合，因此最适于模拟昆虫和鸟类形象，如《蚂蚱》、《螳螂》、《蜜蜂》、《蜻蜓》、《蝴蝶》、《蝙蝠》、《芙蓉鸟》、《燕子》、《鸽子》、

《黄鹂》、《鹰》、《凤凰》等作品，都是较好的例子。软翅风筝有时也描绘人物，作者却巧妙地将人物与飞鸟结合在一起，《仙鹤童子》就是很出色的作品，童子居中，骑在仙鹤背上，仙鹤喙衔仙桃，张满双翼，整体构图是对称的，局部则有所变化。近年，软翅风筝的题材有所开拓，出现了不以昆虫、禽鸟形象为外轮廓线的例子，其中陈绪创作的《洛神》较为出色，洛神占据纵向轴心，两个侍女伺候左右，下方为龙身和云朵，双翅外轮廓各绘一只凤凰，饰以云朵。作品虽然有禽鸟形象，却不以禽鸟的双翅为风筝双翅的外轮廓，这表明作品在总体结构上摆脱了对鸟类外形的依赖。与此相类的作品还有《李清照》、《福、禄、寿三星》等。

3. 板子类

板子类风筝也就是平面风筝，没有凸凹部分，四周均有竹条为骨架。这种风筝的空间形式最为单一。有些板子风筝与半立体的形象相结合，但仍以板子为升力片。

板子类风筝制作简单，既经济，又实用，因而具有明显的普及性，深受群众的喜爱。这类风筝造型自由，简者如圆形、方形、正多边形，繁者则有复杂的人物造型、连体八卦等。由于风筝是平面的，因而给制作者提供了发挥绘画才能的最广阔的天地，在这方面，任何类型的风筝都不能与板子类风筝相比，它所拥有的题材几乎跟绘画本身同样丰富，其代表作品可举《王小赶脚》、《八仙庆寿》、《八仙过海》、《西游记》、《龙女献宝》、《娃娃戏鱼》、《反弹琵琶》、《蝉》、《熊猫》、《八龙图》、《宝葫芦》、《葡萄》、《八卦》、《喜字》等等，从人物到动植物，再到符号图形和文字，人间可见之物几乎应有尽有。与硬翅类、软翅类依据骨架结构绘制图样不同，板子类采取了相反的过程，即首先构思绘画的内容及布局，然后顺绘画的外沿轮廓确定竹条骨架，从这里，我们可以看出绘画在板子类风筝中的重要地位。板子类风筝平衡性较差，放飞时总是东倒西歪，像醉汉一样，有人说这种风筝"憨头憨脑"，评语是恰切的；然而，当人们在板子风筝的下端系上飘带或长穗时，就大增风采了，飘带或长穗随主体在空中腾挪翻飞，翩翩起舞，长长的线条曲折回环，变幻莫测，颇能显出几分得意的神气和潇洒的风度。其实，系飘带或长穗，乃是一种变被动为主动、变劣势为优势的做法，尾饰具有使风筝保持平衡的作用。

4. 立体类

立体类风筝占有立体空间，通常采用折叠结构的骨架，由于它最常采用桶式造型，故又被称为"桶形风筝"。

立体类风筝在造型空间的丰富性上显示出相当大的优越性，硬翅类、软翅类、平板类风筝的形象只能从正面欣赏，而立体类风筝则须作多方位的观览，它是在三维空间中模拟现实对象的，因而在视觉效果上更具有真实感；然而，在制作环节上，通过立体方式模拟对象要比在平面中描绘对象要困难得多，因此，立体类风筝的造型题材较为狭窄，限于宫灯、花瓶、飞机、楼阁一类物像。立体类风筝也可以发挥制作者的绘画才能，那就是在立体的表面绘制图样，潍坊地区顾德顺创作的《大宫灯》就是在灯面上用中国工笔技法绘制了中国古代 12 个女子形象，取得了可喜的成功。从放飞效果看，立体类风筝比其他类型更显得平衡稳定，犹如天界的殿阁或摆设，富有神话色彩。

立体风筝就其空间造型而言，立体风筝可以分为两种类型，一种是依风筝的模拟对象设计外轮廓，如宫灯、扇、瓶、楼阁等，也可以表现其他对象，作品如《双狮滚绣球》等，这类风筝成双的较多。另一种则是将板子类风筝立体化，其外轮廓完全不受表现对象的限制，例如，姚志兴创作的《二龙戏珠》外轮廓是长方形，两条龙和两个人物以及云朵均被容纳在这一平面空间之中。珍藏于潍坊市博物馆的《童子祝寿图》的外轮廓像展开的花瓣,画面绘有一个老寿星和五个童子,周围是飞动的祥云,外轮廓的设计只是基于审美需要,并不模拟对象的外形。这种类型的立体风筝在内容表现方面与板子类具有同样的自由。

由于立体风筝是中空的,因而给制作者提供了施展技巧的天地,吕建鸣创作的《追鱼》是立意新颖之作,在长方形的鱼缸里,盛着四条热带鱼,放飞后,鱼在鱼缸里上下游动,煞是好看,这一技巧是其他类型的风筝难以完成的。

5. 串类

串类风筝由多个单元组成,用一根或多根线将各单元串联在一起,共同放飞。

串类风筝的各个单元的形状和大小是相同或相近的,单元之间的距离又是相等的,因此它的最鲜明的特征是显示出齐一(又叫作"整齐一律")之美。串类风筝的每一单元在空中都被看成一个点,若干个点等距离地排列起来,又构成了线条之美,不论它表现何种物像,都酷似迎风翻舞的长龙,十分壮观。串类风筝的内容构思大都着眼于群体形象的有机组合,注意单元与单元之间、单元与整体之间的联系,比如常见的"人"字大雁风筝就是模仿大雁飞行时的排列方式，龙头蜈蚣中每一圆形单元都是蜈蚣的一个腰节，潍坊艺人杨连忠创作的《梁山一百单八将》也是一个完整系列，李培红、王建刚创作的《长城》则再现出万里长城绵延曲折的雄姿，所有这些内容，都适于在连续延伸的线条中加以体现。

串类风筝的长度是十分自由的，孙永春创作的《大狮子》只有四个腰节，杨连忠的《梁山一百单八将》为 108 个单元（人物），杨同科老人扎制了一个长达 350 米的龙头蜈蚣，共 350 个腰节，创作者可以根据立意的需要来确定风筝的长度和单元的数目，因而在量的方面有很大的选择余地。

串类风筝的每一单元，其类型也是自由的，比如，龙头蜈蚣的腰节为平面造型，实际上可以视为板子类；串雁中的每只雁都是软翅风筝，有些串雁则为硬翅；《金陵十二钗》也是由硬翅风筝串联而成的。

串类风筝大都有一个庞大的头部，它起着平衡和稳定的作用。从审美角度看，头部则有统领全局的意义，它给人以"首脑"、"发端"的印象，形成视觉重点，引导人们将视线从它开始，再向后依次延伸。

6. 自由类

凡是在造型上不能归入上述诸类的，都被称为"自由类"，换言之，自由类风筝不受以上几类的规格、套路限制，因而也就有相当大的创造发挥的余地。

自由类常见的形式是将其他类型加以综合。康宝忠的《龙凤呈祥》就是将串类与软翅类合并起来，主体是 200 米的龙头蜈蚣，龙头前面，是两只色彩鲜艳、展翅摆尾的凤凰与龙头相对，龙头蜈蚣为串类，凤凰为软翅类。张择华、于长坡等人创作的《哪吒闹海》则是串类的组合，其结构中心是用玻璃钢材料制成的高 1.5 米、重 5 公斤、手持风火轮的哪吒，旁边是三条长长的龙头蜈蚣，但并不是三龙的简单拼凑，而是创造性地改变了放飞脚线的拴扎位置，将脚线放在主龙龙尾，再从主龙龙头上引出一线系于哪吒身上，由哪吒再分出两条线系于另外二龙的龙头。这样，三条龙的龙头都向着哪吒，形象地展现出哪吒勇斗三龙的场面。这一作品在 1988 年第五届潍坊国际风筝会上被评为"世界十绝"之一。姚志兴的《鹊桥相会》则将板子、串式与软翅融为一体，处于中心位置的是牛郎织女脚踩云朵，是板子式的，在他们身边是 40 只喜鹊，均为软翅，再用线串在一起。放飞后，喜鹊在牛郎织女周围上下翻飞，组成鹊桥，场面极为生动逼真。

自由类风筝大都具有想象丰富、不拘一格、新颖别致等特点，它是对已有风筝模式和格局的突破，也是对新模式、新格局的探索。无论是在制作环节，还是在放飞环节，自由类风筝都需要有较高的技巧，它往往以独特的构思使观者耳目一新，兴奋不已。

（二）风筝的规模与风格

关于风筝的规模，国家体委 1990 年审定的《中国风筝竞赛规则》第三章有明确规定：

（一）龙类：按风筝桄子直径和节数分型，节数不包括龙头。

1. 微型：直径在 6 厘米以下，20 节以上。

2. 小型：直径在 10 厘米至 15 厘米，40 节以上。

3. 中型：直径在 20 厘米至 25 厘米，60 节以上。

4. 大型：直径在 30 厘米至 35 厘米，80 节以上。

5. 超大型：直径在 36 厘米以上，100 节以上。

（二）板子类：按风筝的平面面积分型。计算办法以主体骨架的最长乘最宽，其积为该风筝的面积。

1. 微型：面积在 0.05 平方米以下。

2. 小型：面积在 0.15 平方米至 0.25 平方米。

3. 中型：面积在 0.3 平方米至 0.5 平方米。

4. 大型：面积在 0.6 平方米至 1.2 平方米。

5. 超大型：面积在 1.3 平方米以上。

（三）立体类：按风筝受风表面面积分型。计算办法为风筝主体骨架的最长乘最宽（或弧长），其积为该风筝面积。

1. 微型：面积在 0.05 平方米以下。

2. 小型：面积在 0.15 平方米至 0.25 平方米。

3. 中型：面积在 0.3 平方米至 0.5 平方米。

4. 大型：面积在 0.6 平方米至 1.2 平方米。

5. 超大型：面积在 1.3 平方米以上。

（四）软、硬翅类：按风筝的平面面积分型。计算办法为风筝主体骨架的最长乘最宽，其积为该风筝面积。

1. 微型：面积在 0.05 平方米以下。

2. 小型：面积在 0.075 平方米至 0.25 平方米。

3. 中型：面积在 0.35 平方米至 0.6 平方米。

4. 大型：面积在 0.8 平方米至 1.2 平方米。

5. 超大型：面积在 1.3 平方米以上。

（五）软、硬翅串类和板子串类：以单个软、硬翅类和板子类各型风筝面积为准，每型风筝均须 5 节以上。

（六）其他串类、软体类和复线操纵类均不分型。

上述规定与国家体委 1986 年颁布的《风筝竞赛规则》在具体数字上略有出入，但大的方面是一致的，都将风筝按规模大小分为微型、小型、中型、大型、超大型五种型号。

当我们在思考风筝规模对其审美风格的影响的时候，上述数据无疑是重要的参考，但风格分析难以严格量化，因此在这一节中，我们以《规则》为参照系，从大的范围将风筝概括地、简约地分为巨型风筝、普通型风筝和微型风筝。所谓普通型风筝，包括《规则》中所说的小型、中型、大型三种型号的风筝。

1. 巨型风筝

巨型风筝适于在高空中展露风采，大幅度地占有空间，故具有博大、浑厚、雄壮的气势，在众多风筝齐飞竞放时，巨型风筝总会成为观众的注意中心，引起人们的惊叹与羡赞。在第 14 届国际风筝会上，潍坊安丘市的龙头蜈蚣风筝全长 308 米，108 个腰节，龙头高 2.8 米，是由 50 名解放军战士和 40 名强壮青年协力送到天空中去的。潍坊最大的龙头蜈蚣有的长达 420 米，共 700 节，龙头高 5 米许，需要在绞车和钢丝绳的牵引下放飞，可谓气度非凡。前面提到的《梁山一百单八将》由 108 个硬翅风筝组成一串，每个风筝高 1 米，宽 1 米，风筝前方设一横匾，上书"梁山好汉"四字，横匾上方垂下五块方形板，上书"一百单八将"五字，在空中摇摆腾飞，蔚为壮观。潍坊艺人解汇泉创作的桶形类风筝《鲤鱼跳龙门》堪称风筝之王，高宽各 8 米，厚 1.5 米，在宽厚的基座上，竖起两柱伟岸的华表，各有一龙盘旋其上，华表中间设一横线，悬挂着两只精致的宫灯，上方的横线中间设一转轮，系三条栩栩如生的鲤鱼，而下方靠底座处，是涌起的波浪，放飞时要用拇指粗的线绳拴在汽车上拖着奔跑，升空后，三条鲤鱼上下翻滚，生动地体现出鲤鱼跳龙门的动态场面，令人惊叹不已。世界上最大的风筝，要数 1984 年首届国际风筝会上荷兰队推出的巨型风筝，展开面积为 550 平方米，是以尼龙绸为面料的充气风筝，放飞线是有网状包线的多股尼龙绳，比人的拇指还要粗，放飞时由载重量为 8 吨的汽车牵引。

巨型风筝的制作要求较高，难度也较大，放飞也相对困难，且需要在较大的场地中进行，因此平日不易看到，只有在大型风筝竞赛活动中显露峥嵘。

2. 普通型风筝

普通型风筝也就是最常见、最普及的风筝，它是风筝世界的主体，风筝的一切审美特征都在这类风筝中得以充分的体现。这类风筝大小适中，制作简便，造型自由，且容易放飞，春季来临，我们不论在农村还是在城郊，甚至在城市的小操场上，都能看到这种型号的风筝。如果说巨型风筝总是独占鳌头，体现出使人们肃然起敬的恢宏之美，那么，普通型风筝常常是群芳争艳，创造出令人倍觉亲切的和谐之美。在普通型风筝中，又可分为大、中、小三种型号。大型风筝的风格倾向于舒展壮观、中型风筝倾向于雍容大方，小型风筝则玲珑纤巧。它们各具风采，竞相放飞时，星罗棋布，交相辉映，煞是好看。

3. 微型风筝

微型风筝的突出特点是细小精致，它将普通风筝的造型缩小到令人难以置信的程度，在技艺方面有相当高的要求。它的价值不是放飞，或者说主要不是放飞，而是作为陈列品供人们观赏。潍坊风筝艺人唐延寿的"微型龙头蜈蚣"是在放大镜下进行制作的，全长为10厘米，高8毫米，宽8毫米，可放在双喜牌小火柴盒里；他的《子母燕》由三只小紫燕组成，是精致的半立体风筝，骨架竹片薄如蝉翼，其中最小的一只长仅2.5厘米，宽2.4厘米，三只燕子同装在一个火柴盒里。浙江省的陈隆焜老人制作了一只4厘米长的双蝶风筝，翅膀用鸟蜂的真翼制作。佚名作者的软翅蝉双翼向两侧展开后只有8厘米，纵向体长只有3.4厘米。上述数例虽然形体微小，其细部刻画却未作丝毫简略，工艺之精良令人咋舌。

（三）技艺因素与风格

在许多情况下，风筝的独特风格是依靠高超或特殊的技艺创造出来的。

1. 比翼双飞

在一根风筝线上放两只燕子风筝，效果新颖而别致。方法很简单：将两只燕子风筝的脚线分别系于一根竹条的两端，竹条稍长于一只燕子的横向宽度，再将风筝线系于竹条的中点，只要两端平衡，即可放飞。双燕齐飞，总是保持固定的、亲近的距离，步调一致，形影不分，这是忠贞不渝的爱情的象征。

2. 振翅抖尾

人们为了使鸟类造型的风筝在空中更加栩栩如生，就将其骨架、头部处理为凹形结构，而尾部则采取悬垂形式，这样，放飞时，风从躯干凹槽中排出，有力地扇动着尾部，从而获得大幅度抖动的飞翔效果，宛若真鸟腾身云际。将风筝躯干由习惯的凸式改为凹式，不但创造出"活"的飞鸟形象，而且使风筝具有了轻盈感和飘逸感。

3. 彩纸赛跑、天女散花、伞兵飞降

彩纸赛跑的技巧很简单，风筝放到一定高度后，放飞者各拿一张 10 厘米见方的彩纸，中间剪出孔洞，穿在风筝线上；口令一下，将手松开，彩纸便顺着风筝线飞快地升高，先到达风筝者获胜。彩纸赛跑给放飞活动增添了许多乐趣。

天女散花是风筝的又一奇观。将名叫"风筝碰"（又叫"送饭儿"）的机械装置附于风筝线上，携带彩色纸片，在风力的作用下，风筝碰沿风筝线上升。风筝碰上有一对可开可合的翼，当它撞在风筝线上早已设好的横棒时，风筝碰的两翼立即闭合，盒子就打开了，彩色纸片顿时飞出，在空中飘散，徐徐降落。风筝碰则完成了使命，顺风筝线滑落下来。

伞兵飞降的原理与天女散花极为相似。天津风筝艺人魏元泰别出心裁地设计出风筝抛甩降落伞的装置：用芦苇管套于风筝线上，管上设一小钩，把小降落伞挂上去；放飞时，降落伞被风吹开，并带动装置沿风筝线升上空中，接近风筝时，与固定横棒相触即刻后退，钩子脱落，降落伞便四处散开，当空飘飞，犹如无数伞兵从天而降。

彩纸赛跑、天女散花、伞兵飞降，都超越了风筝本身的固有属性（纸片或小降落伞的自由降落，与风筝在线绳牵引下飘飞，性质是不同的），拓展了风筝的审美范围，丰富了风筝的表现力，这种技巧已被社会公众所认可，因而也就成为放风筝活动的有机组成部分。花与伞作为风筝主体的有力衬托，产生出杂多统一、乱中有序的审美风格。

4. 鲤鱼跳龙门

前面提到的《鲤鱼跳龙门》除了形体巨大惹人注目外，三条鲤鱼上下腾跃的生动场面乃是使观众大饱眼福的重要原因。鲤鱼附着在一个转轮上，而转轮设于两座华表之间的横线上，风吹转轮转动，三条鲤鱼便翻滚不止。从风筝正面看，每条鱼都从下方跃起，上腾后跳过龙门，成功地传达出"跳龙门"的主题，其场面具有博大、华丽、令人振奋的气派。

5. 夜空彩灯

放风筝大都选择白天进行，然而夜里放飞却别有一番情致，那就是观赏夜空中的彩灯。在本书"风筝的源流"一节中已经提到，这一技巧在唐代就已经得到运用了。

在放飞线上，每隔两三米系上一盏灯笼，不断放线，不断系灯笼，只要风力风向稳定，有时可以挂五六十盏。灯笼里面可以点蜡烛，也可以装上灯泡，灯笼下方须加悬垂性装饰品，以保证灯笼的稳定。成排的彩色灯笼在宁静的夜空中与星月争辉，犹如天界宫阙射出的圣光，其意境颇带几分神话情调。

6. 三龙并举

前面提到的《哪吒闹海》是对高难度课题的征服，创作者大胆地产生出将三条长龙系于一线共同放飞的奇想，这一构思的困难在于：风向是固定的，但三条龙的方向却不一致，三个龙头都要朝向中间的哪吒。面对这一难题，作者巧妙地改变了在龙头上拴扎脚线的成规，而独出心裁地在主龙龙尾上拴扎脚线，按一力相贯的原理，再从主龙龙头上引出脚线，拴在哪吒身上，又从哪吒身上引出两根脚线，拴住另外两条龙的龙头。这样，主龙就与另外两龙方向相反了；然而，主龙所牵动的两龙是并列的，方向一致的，处理不当，极容易绞缠在一起，作者又运用了"顶风驶帆"的力学原理，使两龙分向展飞。这在放飞技术上，是十分成功的实践。

需要专门提出的是，创作者还利用电子技术使哪吒手中的风火轮和龙嘴喷射出浓烟，这使风筝带有了明显的戏剧色彩，有力、有趣地突现了哪吒"闹海"的主题和气氛。在以吉祥为中心内容的风筝海洋中，《哪吒闹海》着力展现戏剧性冲突，这的确是题材上和情调上的突破，但作品并不着眼于冲突的严肃性，更不追求残酷性，而是努力体现出一种壮阔的景象和乐观的精神。

7. 空中舞蹈

绝大多数风筝的放飞线只有一根，而当我们在风筝上拴扎两根或更多的放飞线时，就可以创造出让风筝在空中跳舞的动人场面。因为在这种情况下，放飞者手中控制着多根放飞线，当他牵动某一根放飞线时，风筝就按此线做出相应的运动，因而放飞者可以自由地支配风筝，让它作左、右、上、下各个方向的翻飞；若按一定的节奏来支配它，就会产生出特殊的舞蹈律动之美。

复线操纵的风筝大都是长尾式的，左冲右突，上窜下坠，起落俯仰，均能在天空中划出灵活而富有生气的曲线；倘若放飞者技巧熟练，操纵得心应手，则可以自由地、即兴地设计风筝的舞蹈动作，产生出淋漓酣畅的意趣。

8. 空中音乐

早在五代时期，人们就在风筝上安装了弓弦或哨子，使之在空中发出声响，创造出空中音乐。清人富察敦崇在《燕京岁时记》中也提到风筝"有带风琴、锣鼓者，更抑扬可听"。这种风筝不但可以怡人之目，而且能够悦人之耳。随着科学技术的进步，人们在风筝的声响创造方面也花样翻新，妙计迭出。

风筝锣鼓是一种十分有趣的音响装置，在一个长方形的框架中，安设两对风斗，风斗受风而转动，牵动拨片，拨片又带动小槌，小槌敲击锣鼓，发出"咚咚锵锵"的声音来。

云中鸣炮的原理与天女散花有些相似，所不同的是将放飞线上的横棒去掉，在送饭儿下端系上鞭炮，鞭炮的另一端系一支盘香，将香盘点燃后，即松开手，让送饭儿沿放飞线徐徐上升，等盘香燃尽后，即点燃引信，鞭炮就噼里啪啦地响起来。

南通板鹞所奏出的"交响曲"堪称奇迹。声响被分为高、中、低三个声部：高音部俗称"哨子"，以秸秆、鸭鹅毛管、竹管为之，多达数百只甚至上千只，长短粗细不一，依次排列；中音部是两个中型葫芦，俗称"笛子"；低音部是一个大型葫芦，直径 40 厘米左右，其声浑厚深沉，俗称"嗡声"。风筝放飞后，群管齐鸣，声音可传至数十里以外，宛如天籁仙乐，扣人心弦。

音响风筝的魅力在于，它增添了风筝形象的维度，丰富了风筝的审美表现力，充分地显示出"风筝"一词"声如筝鸣"的本来含义；在欣赏环节，它充分调动了人们视听两种感官的能动作用，因此更带有趣味性和娱乐性。

（四）设计构思与风格

所谓设计构思，是一种创造性的劳动。在严格的意义上，制作任何一只风筝，都暗含着设计构思的因素，制作者总想最大限度地施展自己的技艺，并将自己的审美理想和审美趣味渗透到制作成果之中。但在习惯上，我们根据设计构思在制作过程中的作用大小，而将风筝分为复制性风筝和创新性风筝。

复制性风筝是按照既定的、前人留传下来的规格和模式来制作风筝，一般地讲，制作这类风筝不需要调动过多的形象思维，而更强调熟练的技术，以求较严格地再现固有的风筝范式。创新性风筝是在吸取前人成果的基础上又比前人有所突破，有所开拓，有所发展，一般地讲，制作这类风筝难度较大，除了熟练的技术而外，更需展开创造性想象，下一番搜索肚肠、绞尽脑汁的工夫，唯其如此，才能体现出独特的风格。

设计构思很难分类，这里举一些有代表性的成功之作略作分析。

1.《吹箫引凤》

陈列在潍坊市风筝博物馆的硬翅风筝《吹箫引凤》是颇具新意的：中心骨架上端是一位端庄、秀气、华贵的仕女，她手执洞箫而吹，双袂舒展，衣带飘曳；在她身下，一对凤凰相向而飞，似在婉转鸣唱，以迎箫声；风筝的双翅上，各绘一只在云中飞翔的凤凰，似闻声而来，为箫声伴舞。仕女的形象是逼真的、写实的，但她高居云端引得凤凰来仪的场面却是虚拟的、想象的。现实主义和浪漫主义两种艺术方法和谐地统一起来，使整个作品显示出高雅华美的风格。

2.《鹊桥相会》

姚志兴创作的自由类风筝《鹊桥相会》巧妙地将板子式、串式、软翅式风筝相结合，创造出意趣盎然的空中神话场景：风筝的主体是板子式，牛郎和织女相对而立，眉目传情，他们脚下是一片白云；他们的脚下周围，40只喜鹊上下翻飞，捧托着七夕相会的男女主人公，喜鹊均为软翅式，用线串联在一起，成为串式结构。牛郎织女是天上的故事，风筝恰恰又在天空中展现，故事内容与呈现形式高度契合，是历历在目的真实场景，也是宛若仙界的虚感幻觉，真实场景是放飞在天上的风筝本身，虚感幻觉是由风筝诱发出来的观众的丰富想象。

在同类题材的风筝中，姚志兴的这一作品是独树一帜的，它表明在风筝的设计构思方面，有着广阔的、富有弹性的思维空间。

3.《放风筝》

珍藏于潍坊市风筝博物馆的硬翅风筝《放风筝》的构思十分奇特，以风筝表现放风筝，显然是一种重复，一种循环，其难度是较大的。作者却独出心裁地将风筝与放风筝自然地叠合到一起：风筝本体是一条大金鱼，但金鱼的尾部被扩大了，延长了，与黄土地连接在一起；一个身挂红兜的胖娃娃左手持线车轮，右手上举，作扯风筝线状，而这条风筝线恰恰拴在金鱼背上。当我们将这只风筝放飞时，"戏中戏"式的场面就出现了：一方面，我们与胖娃娃放的是同一只金鱼风筝；另一方面，放金鱼风筝的胖娃娃也被我们放到天上去了。这一作品构思之新颖令人称奇。

4.《福娃》

从题材看，"福娃"一类内容并不新鲜，以儿童为中心表达幸福、吉祥、美满寓意的风筝多得不可胜计，其中不乏成功之作。但珍藏于潍坊市风筝博物馆的《福娃》在构思方面却堪称是百里挑一的。这是一只板子式风筝，整体轮廓为圆形，有饰边图案，中心套一个小的圆圈，里面写着金黄色的"福"字；在外轮廓与内圈中间，乍一看，是三个趴在那里的胖娃娃，他们呈等距离排列着，一个接一个，每个娃娃的胳膊都与前边娃娃的腿相接；再一看，每两个娃娃中间，又用兜兜接了起来，于是，又出现了等距展开的三个仰面朝上的娃娃；倘若连续地顺时针旋转看去，则是一俯一仰相交叉的排列组合，三个脸蛋、三双胳膊、三双腿，却有六个腰身，原来脸蛋、胳膊、腿是被重复使用的。循环、交叉、承递三种手法是那样自然地糅合在一起，真可谓妙趣横生。

5.《梁山好汉》及其他

串类风筝最有代表性的要算是龙头蜈蚣了，此外还有串雁等。它由许多单元组成，但单元的具体数量并没有什么规定。这种自由给了风筝制作者们留下了广阔的想象天地，他们便在单元组合方面展开了构思。杨连忠的《梁山一百单八将》可谓别开生面之作，108名梁山好汉个个逼真生动、神采飞扬，长蛇阵摆开，好不气派，该作品现被美国西雅图博物馆收藏。

李培红、王建刚的《万里长城》也颇有新意，把中国人引以为骄傲的万里长城作为题材和构思契机，他们将地上的长城送上天空，蜿蜒连绵的气势、伟岸壮阔的雄姿，使人莫不为之振奋。长城的内容只有在串式风筝中才能得到如此形象而真切的体现。

杨连忠创作的《模特风筝》与以上两例有异曲同工之妙，一个个风姿绰约、精神抖擞的模特在"走向世界"的环球模型后面一字儿摆儿，似在准备鱼贯登场。

这些作品打破了传统串类风筝追求齐一之美的格局而创造出"变格"之美。传统串类风筝，不论是龙头蜈蚣的腰节，还是燕子风筝，每一单元的造型与大小都是相同的，从而形成了严格的齐一之美，亦即整齐一律之美；而《梁山一百单八将》、《万里长城》、《模特风筝》的各个单元则并不完全一致，它们形貌不同，神采各异，由于单元之间也按相等距离排列，因此在一定程度上也具有齐一的性质，却又不是严格的齐一，而是齐一中有变化，这就是所谓"变格"之美。

6. 滑稽风筝

在风筝王国里，占主导地位的是壮美或秀美两种格调，但有些风筝偏偏远离这种格调而以滑稽取胜。

胡兆雍创作的立体风筝《小登科》颇有特色，一个丑角县官端坐轿中，折线眉，三角目，小胡子上翘，手中拿一折扇，上书"七品芝麻官"，前面的两个轿夫既不魁梧，又不精干，而是显出几分呆气，这使人想起豫剧《七品芝麻官》中唐知县的滑稽形象，滑稽得可亲可爱。

张鹏云创作的《猪八戒背媳妇》在硬翅风筝的通常造型的基础进行创新，制作成上下两层硬翅，中间是袒胸露乳的猪八戒，在他头上，是他背着的媳妇；猪八戒憨厚而傻里傻气，他咧着大嘴笑着，毫不掩饰心头的喜悦，而那位媳妇则将手指放在嘴边窃笑，为自己能作弄猪八戒而得意。整个画面充满喜剧情调，趣味横生。

杨家埠风筝厂创作的立体风筝《老鼠娶亲》使人忍俊不禁，一只身着红装的老鼠坐在花轿里，四只老鼠抬着花轿大步流星地奔跑着，鼠类扮演的完全是人的角色，内容与形式的悖谬造成了滑稽的格调。老鼠所做的这一切虽然在人看来是荒诞不经的，但作者深谙滑稽对象所造成的欣赏效果，为了强化这种滑稽格调，作者将五只老鼠的表情处理成一本正经、煞有介事的样子。同时，轿子上的龙凤图案使娶亲的规格变得豪华盛壮，角色与环境之间形成了巨大反差，这就更加强了画面的喜剧性。

软翅风筝《鬼背仙人》也是这方面的好例，一个被压得呲牙咧嘴的赤脚小鬼背着一个笑容可掬的仙人；小鬼的脚下踩着云朵，看来有一定的法力，但他仍被仙人控制着，从而衬托出仙人的神通广大。神戏弄鬼，格外有趣。

滑稽风筝为风筝世界增添了新鲜活泼的情调，开拓了风筝的审美视野。它的效果是引起观众的畅怀大笑，使观众在笑声中获得轻松的愉悦感。"笑使我们从生活的疲劳中得到休息"，法国美学家柏格森的话是有道理的。目前，这方面的成功之作还不多，我们应当重视对这一审美领域的深入开掘。

总之，设计构思是风筝制作者个性的体现，它规定着风筝作品的风格。风筝艺人只有确立独特的审美理想、志趣、爱好，保持自身的性格气质，才能创造出独特的风格，开辟出新的天地，而整个风筝王国，才能呈现出风格多样化的局面。

（五）风筝的产地与风格

像其他文化现象一样，风筝在审美风格方面也受地域文化的影响。地区不同，风筝的风格也相异，唯其如此，风筝王国才呈现出五彩缤纷、斑驳陆离的景象。风筝的产地遍布全国，我们只对北京、潍坊、天津、南通四个最为著名的产地的风筝风格作简略介绍。

1. 北京风筝

北京风筝又被称为"宫廷风筝"，在清代，风筝是宫廷中的重要娱乐品，不但有从事风筝制作的工匠艺人，而且有相应的机构加以管理。随着清王朝的覆灭，民间风筝的日渐崛起，但在很大程度上仍保留着宫廷风筝的风格。

北京风筝的突出特点是雍容辉煌、华丽精美。北京是我国政治、经济、文化、艺术的中心，是各方面人才的集中之地，体现在风筝制作方面，也自然地见出统领群雄的气派。

北京风筝名目繁多，最擅长的是鸟类和昆虫类风筝，如鹰、凤凰、孔雀、鸽子、燕子、蝴蝶、蜻蜓等，其中又以沙燕和鹰最为著名。沙燕又分胖沙燕、瘦沙燕和雏燕。胖沙燕双翅和尾部较宽，显得浑厚粗壮，被喻为雄性燕；瘦沙燕双翅和尾部较窄，显得苗条纤巧，被喻为雌性燕；雏燕头大、肢短、尾小，稚气可掬，俗称"娃娃燕"。沙燕的彩绘很有特点，那就是色彩明朗，线条清晰，使用夸张手法来塑造燕子的形象，图案性和装饰性较强。鹰风筝的特点体现在放飞中，当放飞者放松风筝线时，风筝就在空中滑翔盘旋，犹如雄鹰俯视觅食；当放飞者拉紧风筝线时，风筝就腾身上举。这种风筝不但为国内风筝爱好者所青睐，而且引起了国际友人的浓厚兴趣。还有一种"担子风筝"非常出名，即在一根竹条上担起两只飞鸟或昆虫，创造出比翼双飞、互相追逐的意境。

从寓意看，北京风筝倾向于传达吉祥、幸福、祝愿等内容。如天官赐福、福寿延年、龙凤呈祥、五蝠（福）捧桃等等。因此，有些风筝不是为了放飞而扎制的，主要用于室内装饰，质料相对昂贵，色彩造型讲究富丽。

2. 潍坊风筝

潍坊风筝被认为是民间风筝的代表。其突出特点是纯厚质朴、清新活泼，具有浓厚的生活气息。潍坊杨家埠是全国三大年画产地之一，同时也是著名的风筝产地。

潍坊风筝以龙头蜈蚣最有代表性，其巨大者长二三百米，微型者只有10厘米，造型之优美，形象之逼真，色彩之鲜艳都令人叹为观止，在历届国际风筝会上，潍坊的龙头蜈蚣都有出奇制胜的作品出现。仙鹤童子也是潍坊风筝的传统题材，一个稚气可爱的童子骑在仙鹤背上，仙鹤舒展双翅，口衔寿桃，其整体情调平静安详，淡雅明丽，富有神话色彩。此外，还有"八仙过海"、"哪吒闹海"、"大闹天宫"、"鹊桥会"等等，大都取材于深受百姓喜爱的神话传说。

与民间年画风格相统一，是潍坊风筝的重要特点，半印半画，甚至将年画直接糊到风筝上。其彩绘强调原色和间色而少用复色，重视鲜艳明朗，追求对比，因而具有浓郁的乡土气息；在造型上，则讲究工整、对称、均衡。潍坊风筝艺人有所谓风筝"十二字诀"："扎得牢，糊得平，绘得精，放得稳。"可见，潍坊风筝不但做工精细，而且很重视放飞效果。

3. 天津风筝

天津风筝以结构精巧、色彩艳丽、构思新颖见长。"活眼鹰"风筝是独具风采的，鹰的双眼可以迎风翻动，其双翅则安装有活榫头，能在空中上下扇动，酷似真鹰凌空鼓翼。这种风筝不但放飞效果好，而且便于携带保存，其骨架镂出眼榫，并以铜、锡焊箍，故能折叠存放。"锣鼓燕"与活眼鹰同样出色，燕的双翅前方设风斗、拨片、小锤、锣鼓装置，当风斗随风转动时，锣鼓咚锵作响，十分悦耳。

与潍坊风筝一样，天津风筝也与年画结缘深厚，天津杨柳青风筝也常将年画直接裱糊到风筝上去。至于彩绘，天津风筝则常以"重彩退晕"法获得和谐明快的风格。

4. 南通风筝

位于江苏省东南部的南通也是风筝盛地之一，与北京、潍坊、天津齐名。南通风筝种类丰富，南通《如皋县地方志》载："自草虫、鱼鸟、舟船至于仙佛，无巧不备，大者数丈，软翅者能一排九雁、十三雁。春天竞放，他邑所无。"最为著名的是板鹞，前面所介绍的以哨子、笛子、嗡声奏出空中交响曲的正是南通风筝艺人最擅长的本领。板鹞造型为平面板块体，故名。形状有正方形、长方形、十字形、六角形等，有时几何形体交错而成为"连星风筝"，如七连星、九连星、十三连星等。还有一种"活鹞"，与板鹞恰相对照，活鹞是可以活动的风筝，鸟翼和鸟尾均能扇扑。传说有一位老艺人制作了"活鹰"放飞，竟引来真鹰要与它打斗。活鹞不仅表现禽鸟形象，也表现人物，如"八仙过海"、"唐僧取经"、"刘海戏蟾"、"八戒背媳"等，其形象生动而逼真，艺人们还总结出九字口诀："外形像，颜色像，放飞活。"这九个字都围绕着一个"像"字,所谓"活",就是"像真的一样飞翔",即要求逼真生动。

富有装饰性是南通风筝的又一特点,其中六角形风筝被认为是极有特色的:六个角为黑色,中心为大红圆块,圆块外面是白色,红白黑三色对比鲜明,放飞后效果颇佳。

以上罗列的仅仅是风筝较有代表性的产地,其实,全国各地的风筝均有其地域性风格,比如河北、四川、上海、广东、福建、台湾、云南、西藏、甘肃等地的风筝,都很著名。风筝世界,可谓千姿百态,洋洋大观。

五、风筝与民俗

民俗，是民间长期形成的风尚、礼节、习惯等文化现象的总和，它体现在寻常百姓日常生活的各个方面。风筝，是劳动人民创造的，也是广大民众所喜爱的生活伴侣。因此，风筝与民俗就结下了不解之缘。

（一）风筝与清明、重阳

风筝最适于在春秋两季放飞，清明、重阳就成了与风筝关系最密切的时节。

清明，每年4月5日前后（农历多在三月）太阳到达黄道坐标经15°开始，这时我国大部分地区气候开始转暖，草木萌茂。《月令七十二候集解》："三月节……物至此时，皆以洁齐而清明矣。"

　　清明节前后，正是人们"过冬"之后开始户外活动的时日，汉族民间自古就有清明日到郊外远足旅游的习俗，谓之"踏青"，故清明节又称"踏青节"。在踏青活动中，放风筝乃是一项非常惹人喜爱的内容。清人潘荣陛的《帝京岁时纪胜》载："清明扫墓，倾城男女，纷出四郊，担酌挈盒，轮毂相望。各携纸鸢线轴，祭扫毕，即于坟前施放较胜。"《中国古代节日风俗》载："上自内苑，下自士庶，在清明节期间，俱立秋千架嬉戏为乐，童子郊外放纸鸢。"翻一翻地方志，几乎各地都有类似记载，且举数例。

　　《永平（今河北卢龙）府志》："清明时节家家树秋千为戏，闺人挝子儿赌胜负，童子用纸为风鸢引绳而放之。"

　　康熙十三年（1674年）《宁津县志稿》："清明，祭墓、树秋千，放纸鸢，折柳插门，看花踏青。"

　　乾隆十八年（1753年）《即墨县志》："清明扫墓，折柳枝簪之。儿童放纸鸢，妇女为秋千之戏。"

　　乾隆十九年（1754年）《高密县志》："清明日，插柳踏青，好事者为风鸢之戏。"

　　乾隆二十五年（1760年）《潍县志》："清明，小儿女作纸鸢、秋千之戏。"

道光二十九年（1849 年）《平度州志》也记载，清明时节"童子放纸鸢，女子作秋千戏。"

从各地的民歌来看，几乎都将清明当作放风筝的季节，"三月里来是清明，姐妹们去踏青，捎带着放风筝"，许多地方咏唱风筝的民歌都是这样开头的。南方流传的一首《望江南·百调词》写道："扬州好，胜日爱清明。白袷少年攀柳憩（qì，休息），绣鞋游女踏莎行，处处放风筝。"至于文人诗词，提到清明放风筝的就更多。可见，清明放风筝的习俗带有相当大的普遍性。

寒食在清明的前一天。相传春秋时介子推（一作介之推）随晋文公流亡时，曾割股肉为文公充饥，文公回国后大赏从臣而忘记了介子推，介遂携母隐居山西绵上，晋文公命人烧山逼他出来，介不肯出而被烧死，后人于冬至后第 105 日为介子推断火，冷食三日，是谓寒食节。寒食是与清明关系最密切的节日，因此有些记载以寒食为放风筝的时日，如康熙十一年（1672 年）《济宁州志》："寒食，墓祭，放纸鸢。"民国年间《潍县志稿》："每逢寒食……桃李葩吐，杨柳烟含，凌空纸鸢，高入云端。"民国年间《临朐续志》也说："寒食……斯时芳草鲜美，儿童放纸鸢于村郊。"清人郭麟的《纸鸢诗》：

"一百四日①小寒食，冶游争上白浪河。纸鸢儿子秋千女，乱草新来春燕多。"寒食与清明是相连接的节日，对于放风筝这项活动来说，二者可以看成是一回事。

从各地方志的记载和民歌歌词可以看出：其一，各地均有清明放风筝的习俗，这是放风筝的最佳季节；其二，风筝是踏青活动的组成内容，故地点常选在郊外，因为那里有宽广的放飞空间，可以尽情尽兴；其三，放风筝与荡秋千被视为同类活动，故带有明显的娱乐、游戏性质。

重阳在农历九月九日。《易经》以一、三、五、七、九为阳数，九月九日，二阳相重，故名"重阳"，又称"重九"。曹丕《九日与钟繇书》："岁往月来，忽复九月九日，九为阳数，而日月并应，俗嘉其名，以为宜于长久，故以享宴高会。"重阳在秋季，故又称"秋节"。

南方许多地区，尤其是沿海一带，放风筝更多地选在秋高气爽的重阳节，这一习俗是与登高、郊游活动结合在一起的。这方面的记载也不乏其例。

李斗《扬州画舫录》："九九重阳日，城中士女，接踵连

---

① 小寒食是指寒食前一日，故为冬至后第 104 天。

肩，翩翩游赏，放风筝终日不绝。"

清人屈大均《广东新语》卷九《事语》：广州农历九月"九日载花糕萸酒，登五层楼、双塔，放响弓鹞。"

清人吴友如绘制的《纸鸢遣兴》图中的题词写道："闽中风俗，重阳日都人士女，每在乌石山、于山、屏山上竞放风筝以为乐。"

大致说来，放风筝的时节，北方人多在春季，南方人多在秋季。这与不同地区的季节风是紧密相关的。不少地区春秋两季都放风筝，前面提到的李斗《扬州画舫录》中也提到了清明节放风筝的情形："风筝盛于清明，其声在弓，其力在尾。……江南历有踏青的年俗，又名'探春'。"

放风筝选在清明、重阳除了季节风的因素外，还与农时密切相关。我国大部分地区，从农历十月到来年四月为农闲季节。十月，农田管理事务不多，主要是整理、修补农具，入冬后，则洒扫庭院、粉刷房屋、舂米磨面；各种冬节过后，天气渐暖，在种麦地区清明前麦子尚未分蘖，放风筝时脚踩麦田不但对庄稼无害，反而会促进麦子生长。清明以后，麦子分蘖，农活开始忙碌起来了。可见，清明与重阳正是农忙与农闲的交替时节，宜于从事放风筝一类户外活动。

（二）风筝与吉祥

放风筝不仅仅是一种游戏，它还与人民群众祈福的心愿有着密切的联系。

有些地区，放风筝时要举行隆重仪式，于村头摆案设香，村民一齐祈祝风调雨顺，五谷丰登。有些地方在风筝上画出神像，由"童男子"放飞，并认为这样可以降魔除妖。有些地区，放风筝的同时还摆酒席，一面享用酒菜，一面欣赏风筝；当地人最忌风筝断线或摔落，他们认为这会把福气带走或毁灭；风筝如果落到别人家的房屋上或院子里，会给房主带来福音，叫作"吉祥临门"；而风筝的主人则要千方百计地向房主讨还风筝，以求取回福气；房主如实在留不住风筝，就在风筝上扎一个洞再还给失主，表示已将福气和吉祥留下了。

与这种风俗相反的是"放晦气"的风俗。放晦气又称"放公灾"。《漳州府·府志》载："九月登高，童子作风鸢放于野，方言谓之放公灾。"这种风俗影响到宫廷，据说慈禧太后就曾经用风筝放过晦气。所谓放晦气，就是放飞者把自己的不幸、烦恼和灾难写在风筝上，风筝升空后有意扯断或剪断风筝线，让风筝飘走，这样也就把"晦气"放走了。风筝落入谁家，谁家便认为沾上了晦气，是不吉利的事，要面临灾难，这时风筝主人要带上礼物到房主家赔礼道歉，然后取走风筝，否则，房主就会将风筝扯乱烧毁，表示已经驱走晦气。

放晦气的风俗在《红楼梦》中有生动的描写，第七十回"林黛玉重建桃花社，史湘云偶填柳絮词"中写到湘云、宝玉、黛玉、宝钗、探春、宝琴、李纨等正在怡红院里对诗时，引出一段关于风筝的文字：

> 只听窗外竹子上一声响，恰似窗屉子倒了一般，众人吓了一跳。丫鬟们出去瞧时，帘外丫头们回道："一个大蝴蝶风筝，挂在竹梢上了。"众丫鬟笑道："好一个齐整风筝！不知是谁家放的，断了线。咱们拿下他来。"宝玉等听了，也都出来看时，宝玉笑道："我认得这风筝，这是大老爷那院里嫣红姑娘放的。拿下来给他送过去罢。"紫鹃笑道："难道天下没有一样的风筝，单他有这个不成？二爷也太死心眼儿了！我不管，我且拿起来。"探春笑道："紫鹃也太小器，你们一般有的，这会子拾人走了的，也不嫌个忌讳？"黛玉笑道："可是呢。把咱们的拿出来，咱们也放放晦气。"

　　丫头们听见放风筝，巴不得一声儿，七手八脚，都
忙着拿出来：也有美人儿的，也有沙雁儿的。丫头们搬
高墩，捆剪子股儿，一面拨起籰子①来。宝钗等立在院门
前，命丫头们在院外敞地下放去。宝琴笑道："你这个不
好看，不如三姐姐的一个软翅子大凤凰好。"宝钗回头向
翠墨笑道："你去把你们的拿来也放放。"

　　宝玉又兴头起来，也打发个小丫头家去，说："把昨
日赖大娘送的那个大鱼取来。"小丫头去了半天，空手回
来，笑道："晴雯姑娘昨儿放走了。"宝玉道："我还没放
一遭儿呢！"探春笑道："横竖是给你放晦气罢了！"宝玉
道："再把大螃蟹拿来罢。"丫头去了，同了几个人，扛
了一个美人并籰子来，回说："袭姑娘说，昨儿把螃蟹给
了三爷了，这一个是林大娘才送来的，放这一个罢。"宝
玉细看了一回，只见这美人做的十分精致，心中欢喜，
便叫："放起来！"

　　此时探春的也取了来了，丫头们在那山坡上已放起

------

　　① 剪子股儿、籰子——用竹竿抖放风筝时，在竿头斜捆上一个小棍成
剪子形，以便挑线，叫"剪子股"。绕线的工具，叫作"籰（yuè）子"，北方
习惯说"guàng zǐ"。

来。宝琴叫丫头放起一个大蝙蝠来，宝钗也放起个一连七个大雁来，独有宝玉的美人儿，再放不起来。宝玉说丫头们不会放，自己放了半天，只起房高，就落下来，急得头上的汗都出来了。众人都笑他，他便恨的摔在地下，指着风筝说道："要不是个美人儿，我一顿脚跺个稀烂！"黛玉笑道："那是顶线不好。拿去叫人换好了，就好放了。再取一个来放罢。"

宝玉等大家都仰面看天上这几个风筝起在空中。一时风紧，众丫鬟都用绢子垫着手放。黛玉见风力紧了，过去将篗子一松，只听"豁喇喇"一阵响，登时线尽，风筝随风去了。黛玉因让众人来放。众人都说："林姑娘的病根儿都放了去了，咱们大家都放了罢。"于是丫头们拿过一把剪子来，铰断了线，那风筝都飘飘摇摇随风而去。一时只有鸡蛋大，一展眼只剩下一点黑星儿，一会儿就不见了。众人仰面说道："有趣，有趣！"说着，有丫头来请吃饭，大家方散。

风筝与吉祥结缘，还可以从它的内容上表现出来。龙，是中华民族的象征，是千百年来黎民百姓崇拜的偶像，炎黄子孙自称是"龙的传人"。凤，被称为鸟中之王，故有"百鸟朝凤"的说法。传说凤凰出则雷霆不作，风调雨顺，五谷丰登；凤品格高洁，非梧不栖，非泉不饮。人们一向对龙凤怀有深厚的感情，将其视为最吉祥的神灵，所谓"龙凤呈祥"即为此意。这种观念反映在风筝制作上，就是龙凤风筝，龙头蜈蚣雄姿勃勃、凌空腾越，凤凰风筝璀璨斑斓、绚丽夺目，更有龙凤并举，构成"龙凤呈祥"之寓意。除龙凤外，还有：孔雀象征华贵，仙鹤象征高洁，鸽子象征和平，鸳鸯象征爱情，雄鹰象征力量，牡丹象征富贵，桃子象征长寿（故有"寿桃"之称），莲花象征"出于污泥而不染"的节操。蝙蝠与"福"同声，鸡与"吉"谐音，鱼与"余"、蝶与"耋"（dié，七八十岁）、猫与"耄"（mào，八九十岁）等都是同音关系。这些动植物形象，都是风筝中最长见到的。在制作过程中，风筝艺人总是通过这些形象寄托美好的祝愿。

除了通过动物的象征意义传达吉祥内容外，还有直接的祝福方式。比如《仙童献寿》、《八仙庆寿》、《童子祝寿图》、《寿星图》、《麻姑献寿》等作品，都属祝寿内容；《天河配》、《天女思凡》、《梁山伯与祝英台》、《许仙游湖》等作品，都表现了对美好爱情的向往；《麒麟送子》、《送子娘娘》等作品，则反映了中国传统观念中期盼子嗣后代的心理。还有一类表现降妖除邪的内容，如《包青天》、《钟馗》、《孙悟空降蝎精》等作品，惩恶，也就能给人们带来福音，同时暗示出人类征服困难的伟大力量。

为了更明确地传达吉祥的寓意，人们还将文字引入风筝的图像之中，譬如"富贵有余"、"春色满园"、"万事如意"、"国泰民安"、"天下太平"、"龙凤呈祥"等等，都是风筝中最常见的文字。这类风筝大都追求图像与文字高度契合，融为一体。王克彬、郑兰生创作的立体类风筝《日月龙凤扇》堪称佳品：两只扇形连在一起；右扇绘对称的双龙，上方写"日"字；左扇绘对称的双凤，上方写"月"字。日月象征永恒和光明，龙凤象征吉祥与爱情；日与龙为阳刚，月与凤为阴柔，阴阳和谐。该作品的构思是十分成功的。张衍禄创作的板子类风筝《五福捧寿》也是出色的作品，上方是一个大"寿"字，五个蝙蝠展翅昂首围绕其下，将"寿"字捧起，五蝙蝠寓五福，亦即寿、富、康宁、修好德、孝终命，传达出民间传统意趣。

还有些所谓"字"风筝，干脆只扎糊字型，这类风筝多选"寿"字和双"喜"字。

此外，"八仙过海"、"鲤鱼跳龙门"、"嫦娥奔月"、"仙鹤童子"、"天女散花"等带有神话色彩的风筝，也与吉祥内容相关。值得注意的是，"天河配"的神话原是带有浓厚悲剧色彩的，牛郎织女被天河相隔，只在每年七夕相会一次，这实在是千古遗恨；然而反映这一题材的风筝作品却总是抛开神话中原有的悲剧成分，单纯去再现牛郎织女鹊桥相会的瞬间。对"梁山伯与祝英台"、"许仙与白蛇"这些带有悲剧的故事和神话，风筝艺人也作了相同的处理，即将其中美好、幸福的方面加以突出、渲染和升华，创造出一种圆满的、令人向往的境界，这正是劳动人民正直善良品格的外露。

在具体描绘和刻画各种形象时，风筝艺人总是调动一切手段来传达吉祥内容。曹雪芹的《废艺斋集稿·此中人语》中的一段谈肥燕画法的文字，明显地透露出这种创作倾向：

> 古之人以燕为喜之征，春之象，故必以意匠为之，实以拟乎人也。须使其眉目口角，均呈喜相。于其翼内尾羽之间，配以"纹样组锦"，以庆福禄寿喜之祯；组成"红桃绿柳"，以征大地回春之象。膀角位以彩蝶，兼喻蛱蝶寻芳之趣。

> 头部：眉上轩，见喜颜。嘴上哓，定是笑。眼下寻，见精神。眉心用红，画桃花。眼球外睑用绿，画柳叶。

嘴画红蝠，兼寓洪福在眼前之意。嘴尖，眼珠，眉轮均用黄，所以摹拟原意也。

翅部：两膀展翅内，羽间五福捧寿纹样。红蝠褪润勾以白线，远望即呈粉红桃花一朵。五彩小花连成大花朵一个。远近咸宜，繁而不紊，艳而不腻。边幅五，呈斜飞之势。画绿色，以寓福禄寿也。膀窝画半月形，以显膀角。在膀角处，位以寻芳彩蝶，增春意也。

在上面所引的这段文字中，除了"嘴尖、眼珠、眉轮匀用黄，所以摹拟原意"属于写实手法以外，其余部分均被赋予了象征意义：风筝总体造型为燕，是喜和春的象征；眉目口角呈喜相；于翼内尾羽之间显示福禄寿喜、大地回春的旨趣；膀角为蛱蝶寻芳，可谓春意盎然；头部有洪福在眼前之寓意，翅部亦有五福捧寿纹样，有春天的意境。各种关于吉祥的期望和祝愿都集中到风筝画面之内了。曹雪芹是贵族阶层的成员，但家族的败落使他有机会接触下层人民，因此，这种创作动机和创作原则，并非只是宫廷的或贵族的，更应该是寻常百姓的。"此中人语"四字源自陶渊明的《桃花源记》中"此中人语云"，其中的文字颇接近口语，是专为"废疾而无告"的"穷民"写的，因而我们所听到的乃是俗文化的声音。

（三）风筝与妇女儿童

在风筝活动中，妇女儿童扮演着重要角色，这是各个时代、各个地域的共同特征。

从生产环节看，除了技艺精湛超群、代表一地一时的所谓"风筝宗师"或"风筝传人"多为成年或老年男性外，妇女儿童可以说是风筝制作队伍中的一支强大的主力军。民间风筝的制作总体来看是家庭手工业，妇女有缝纫、刺绣、编织的基础，故制作风筝能得心应手；儿童则目明手巧，因此在风筝的批量生产中起着重要作用。近年不少地区已采取集体性的生产方式，妇女仍是其中主要成员，她们不但在扎、糊工序中发挥着自己的能量，而且在彩绘工序中也显示出可喜的聪明才智。

在放飞活动中，妇女儿童同样显得十分活跃。

南宋周密在《武林旧事》一书中提到，"桥上少年郎，竞纵纸鸢"。清人张大复《梅花草堂集》中说，"风筝，一名纸鸢，吴中小儿好弄之"。《永平府志》中载，"童子用纸为风鸢引绳而放之"。《即墨县志》中载，"儿童放纸鸢"。《潍县志》中说"小儿女作纸鸢、秋千之戏"。《平度州志》说，"童子放纸鸢",《临朐续志》也说，"儿童放纸鸢于村郊"。

历代风筝诗也给我们提供了这方面的信息：

有鸟有鸟群纸鸢，因风假势童子牵。

——元稹《有鸟》

雨余溪水掠堤平，闲看村童戏晚晴。

竹马踉跄冲淖去，纸鸢跋扈挟风鸣。

——陆游《观村童戏溪上》

我亦曾经放鹞嬉，今来不道老如斯。

那能更驻游春马，闲看儿童断线时。

——徐渭《风鸢图二十五首》之四

村庄儿女竞鸢嬉，凭仗风高我怕谁。

自古有风休尽使，竹腔麻缕不堪吹。

——徐渭《风鸢图二十五首》之十二

只因一线引鸢孤，跑过村乡第几都。

小可儿郎三五辈，坏将多少绿蘼芜。

——徐渭《风鸢图二十五首》之十八

新生犊子鼻如油，有索难穿百自由。

才见春郊鸢事歇，又搓弹子打黄头。

——徐渭《风鸢图二十五首》之二十五

儿童放学归来早，忙趁东风放纸鸢。

——高鼎《村居》

剪纸为形骨相寒，常依稚子博悲欢。

——方芳佩《纸鸢》

微和澹荡锦官城，柳色青青天气晴。

三较场中宽敞好，儿童逐队斗风筝。

——吴好山《笨拙俚言》

春风荡荡春城阔，闲逐儿童放纸鸢。

——郑燮《罢官作》

假面泥孩不值钱，儿嬉又过试灯天。

归家整理黄麻线，尽日风头放纸鸢。

——方元鹍《都门杂咏》

儿童竞放风鸢起，仔细风高断线时。

——庞垲《丛碧山房诗初集》

最有趣的要数清人褚维垲《人境结庐诗稿》中的一首：

槐榆舒绿柳含青，阵阵东风拂面生。

最是儿童行乐事，置身檐瓦放风筝。

注：都中风大，屋瓦杂泥沙固之，春时小儿放风筝俱立其上。

都中风大，为儿童放风筝提供了良好的自然条件，同时也形成了"屋瓦杂泥沙固之"的建筑特点，儿童聪明地利用了这一点，站在屋檐上放风筝，这是何等尽兴、何等畅意的时刻啊！

　　以上诗歌作品都是写儿童放风筝的。再看下面的诗句：

　　　　筝儿个个竞低高，线断筝飞打一交。

　　　　若个红靴不破绽？若人红袄不鏖糟？①

　　　　　　　　——徐渭《风鸢图二十五首》之十四

　　　　偷放风鸢不在家，先生②差伴没寻拿。

　　　　有人指点春郊外，雪下红衫便是他。

　　　　　　　　——徐渭《风鸢图二十五首》之十五

　　　　向晓晴曦挂头巅，和风吹透杏花天。

　　　　莫嗔侍女偏多事，偷把红丝系纸鸢。

　　　　——王蜀瑜《锦江花朝竹枝词》

这几首都写妇女放风筝。第一首中的"红靴"、"红袄"已点明了放飞者为女性。第二首很有趣，妻子偷空儿去放风筝，丈夫发现妻子不在家，就派人去找，有人指点，"雪下红衫便是他"。第三首写侍女以红丝系纸鸢，系，是放飞前的准备，

---

①　若个，哪个；若人，哪个人；鏖糟，俗语脏乱。
②　先生，丈夫。

实际也是写放风筝。

以上是妇女放风筝的诗，还可以举出妇女写风筝的诗。清代女诗人陈长生《春日信笺》：

> 软红无数欲成泥，庭草催春绿渐齐。
>
> 窗外忽传鹦鹉语，风筝吹落画檐西。

从各地的民歌来看，风筝的放飞者几乎千篇一律是女性。辽宁、甘肃、湖南、河北、山东、四川、南通、青海、黑龙江、安徽、湖北等地的民间风筝歌曲，都有"姐妹们去踏青，捎带着放风筝"一类歌词。究其原因，大约有三：

其一，在封建社会，骑马、射箭、击剑、拳术、摔跤一类活动是男性所喜爱的，而放风筝、荡秋千一类比较文静的活动则颇得女性的青睐，歌曲是现实生活的反映，便自然而然地唱出了这一实际存在的生活现象。

其二，从审美基调看，风筝与女性都倾向于秀美（又称阴柔之美），因此，由女性唱风筝最相吻合。一个明显的比较是：龙舞、狮子舞总是由男性来表演的，因为龙、狮一类形象是壮美（亦即阳刚之美）的，男性倾向于壮美，表演者与表现对象在美学基调上就取得了一致；风筝虽然也有壮美的巨型风筝，但这类风筝一般不宜做歌舞的道具，能作为道具的只能是秀美的中小型风筝，况且，风筝世界的主体是属于秀美的，故与女性靠近。

其三，这些风筝歌曲大都与舞蹈表演相结合（属于歌舞一体的艺术形式），它们都有节奏鲜明、速度适中、旋律优美的特点，非常适于女性表演。而在我国的民间歌舞中，就表演者的身份而论，有两种情况：第一种，表演者扮演某个特定的角色，比如扮演成杨宗保、穆桂英，或许仙、白娘子等，表演者的身份是双重的，他既是他自己，又是特定角色，二者不必一致，一个庄稼汉可以扮成杨宗保，一个养蚕女化了装就成了穆桂英，这种表演者具有双重身份的情况颇类似于戏剧。第二种情况，表演者并不扮演特定角色，他就是他自己，反映他们自己的生活，表演者的身份不是双重的，而是单一的。风筝歌舞正属于第二种情况，它意在表现放风筝的场面和情趣，而不去再现特定人物和故事。既然风筝歌舞适于女性表演，那么，演她们自己的生活就是最恰当不过的，"姐妹们放风筝"之类的歌词也就自然而然地产生出来了。表演者身份单一的歌舞形式导致了如下结果：女性放风筝的活动在歌舞表演中要比在实际生活中更为普遍，更为活跃，更为突出。

最后，我们还发现，在人物风筝中，女性与儿童的形象占有最大的比例。清代诗人吴我欧在《美人风筝》诗中对女性风筝形象作了精彩描绘：

鬏鬌轻盈汉丽娟，回风歌罢舞翩翩。
争看蔽月容如画，但解凌云骨已仙。
花信几番凭妾寄，情丝一缕被郎牵。
晚来欲把红妆照，添个银灯在上边。
纵入朱门不受靮，嬉时恰称蕙风微。
翩然乘凤偕秦女，瞥尔惊鸿妒洛妃。
细声乍鸣双玉佩，轻躯须著五铢衣。
最怜春色长门老，瘦损宫腰尺六围。
何心花底学迷藏，爱映红霞斗晓妆。
环佩声俄飘柳陌，秋千影共出苔墙。
山屏远列身如倚，波镜频窥胆不张。
欲为杏梢闲绊住，归来衫袖惹余香。
小别芳姿又一年，桃花娇面尚依然。
赤绳系就氤氲使，粉红修成折叠仙。
望远只愁衣化蝶，步虚岂假木为鸢。
休嗟薄命多飘泊，金屋名姝一例传。

> 漫歌桃叶泛春流，红线差堪结伴游。
>
> 日暮寒怜生翠袖，雨深闲恨锁木楼。
>
> 凭将素面朝天去，绝少芳纵印月留。
>
> 嫁与东风应色喜，云乡来往剧清幽。

清人姜长卿的《崇川竹枝词》写到美人风筝，云："袖手暗藏通一线，玉人只在锦奁（lián 梳妆匣）中。"该诗小注写道："有美人风筝以绢素为之，着以彩色，设以翠羽，骨节中有钉铰可折叠置小奁中，放之则二八丽姝姗姗来云中矣。"

顾禄在《清嘉录》中转引了张元长《笔谈》的记载："梁伯龙戏以彩缯作凤凰，吹入云端，有异鸟百十拱之，观者大骇。近作女人形，粉面黑鬌，红衣白裙，入于云霄，袅娜莫状。悬丝鞭于上，辄作悦耳之音。"

据孔祥泽《懋斋记盛的故事》记载，曹雪芹曾制作过宓妃风筝。

今天，女性形象在风筝中仍占很大比重，如《天女散花》、《仙女跨鹤》、《龙女献宝》、《嫦娥奔月》、《麻姑献寿》、《荷花仙子》、《花神》、《孔雀少女》、《牡丹仙子》、《珍珠仙女》、《纨扇仕女》、《美人打伞》、《洛神》、《西施》、《昭君出塞》、《木兰换装》、《貂蝉》、《杨贵妃》、《宝钗扑蝶》、《反弹琵琶》等，真是不可胜数。这还不算表现爱情内容（如《鹊桥相会》等）中的女性形象。

风筝中的女性形象的塑造大致都具有如下特点：一是优美，论身材则苗条婀娜，论装束则艳丽鲜亮，论相貌则眉清目秀，整体看去风度翩翩，楚楚动人；二是端庄，这主要体现在表情上，文静中有热情，矜持中见亲切，似笑而不媚，似冷而不傲；三是温柔，这是传统女性的典型品格，敦厚而知礼让，谦恭而识大体。不必说，优美、端庄、温柔相统一的女性形象既是对现实生活中女性特征的集中和提炼，也是风筝艺人按照自己的审美理想所做的设计和想象。

塑造儿童形象的风筝作品同样占有很大比重，如《仙鹤童子》、《百子成龙》、《五子争莲》、《双童献寿》、《哪吒闹海》、《双桃娃娃》、《双娃献寿》、《娃娃戏鱼》、《童趣》、《福娃》等等，这些儿童都被描绘得又白又胖、天真烂漫、稚气可爱，其表情大都是喜笑颜开的，表现出生活的幸福温馨，透露出风筝艺人冀盼子孙后代健康成长的心愿。有趣的是，《哪吒闹海》、《童子降虎》一类内容，也保持着这种格调，而不是去突出人物与龙虎搏斗的艰难或勇猛，乳臭未干的童子是那样漫不经心、那样从容随意地征服了龙虎，龙虎也不是面目凶恶的怪兽,而是驯良的、为人自由驱使的可爱的神灵,人与兽的对抗荡然无存了,观众只看到一种和谐融洽的关系。这种处理方式,实际上是在更高的理性层次上显示了人类对自然的无限巨大的征服力量。

从上面的论说可以看出,妇女儿童积极地参与风筝的制作,又热情地投入风筝的放飞,同时,又充当着风筝人物画廊中的主要角色,妇女儿童与风筝的关系之密切程度可谓深矣!

(四)风筝与养生

养生,是我国古代文化中的一项重要内容。早在春秋时代,思想家庄子就提出了"重生"、"养生"、"保身"的思想。他认为,人生天地间,"道与之貌,天与之形,无以好恶内伤其身"。他反对为了身外之物而丧失自我,批判"小人则以身殉利,士则以身殉名,大夫则以身殉家,圣人则以身殉天下"的做法,主张"物物而不物于物",意思是,把物当成物而不被物当成物。为了达到养生的目的,庄子提出了"虚以待物"的主张,"堕肢体,黜聪明",排除心灵中的种种欲念,进入"坐忘"境界。

庄子的养生主张对后代影响很大，人们不断探求修身养性的具体方法，终于发现了放风筝活动是收到这种效果的途径之一。

宋人李石在《续博物志》中说："春日放鸢，引丝而上，令小儿张口仰视，可以泄内热。"清人富察敦崇在《燕京岁时记》中也说："儿童放之（指风筝）空中，最能醒目。"这些说法是有科学道理的，冬季人们久居室内，活动较少，年节期间营养充足，故体热内聚，新陈代谢减缓。春日乍暖还寒，离开居室置身于郊外田野，放起风筝，清风拂面，的确可以收到祛除郁气、健脑益智之功效，同时，仰望晴空，视野开阔，有利于调节视力。因此，放风筝是一种极好的健身活动，这也正是它受人喜爱的重要原因。

放风筝不但能使人在生理上收健身之效，更重要的是使人在心理上获养性之益。唐代诗人刘得仁的《访曲江胡处士》一诗写道：

何况归山后，而今已似仙。
卜居天苑畔，闲步禁楼前。
落日明沙岸，微风上纸鸢。
静还林石下，坐读养生篇。

　　这首诗并不是专写风筝，或者说主要不是写风筝，但风筝却是构成全诗意境的重要因素，它与"天苑"、"禁楼"、"落日"、"林石"共同创造出静谧、幽雅、恬淡、旷远的氛围，"坐读养生篇"恰好与这种氛围相统一。写景物的虚静，正暗射出心灵的虚静；而在诸多静态景物中，纸鸢的飘动无疑引发出几分生动的气息和愉悦的意味。

　　放风筝可以使人进入"物我两忘"的境界，其实，这也正是审美活动的最高体验。清人敦敏在《瓶湖懋斋记盛》一文中谈到了放风筝的乐趣：

　　　　乃观其御风施放之奇，心手相应，变化万千。风鸢听命乎百仞之上，游丝挥运于方寸之间。壁上观者，心为物役，乍惊乍喜，纯然童子之心；忘情忧乐，不复知老之将至矣！

　　观看放风筝的人，为风筝的千姿百态所陶醉，杂念尽除，心灵单纯如童子，忘却了喜怒忧乐，也意识不到老之将至，这是何等惬意、何等畅神的时刻啊！

　　当代诗人臧克家也写下了与敦敏的体验颇为类似的诗句：

　　　　风筝——

　　　　把老翁变成儿童，

> 一条长长的线，
>
> 把人们引入了纯真的至境。

放风筝使人处于恬淡虚静、宠辱皆忘的境界，人与自然和谐统一，方寸之心与无限宇宙相沟通，其畅神养性之效实在是不可低估的。

（五）风筝与爱情

风筝与吉祥相联系，而美满的爱情同样是吉祥的体现；风筝通过一丝长线与我们连在一起，而男女之间的爱情姻缘也被人们比喻为红线相引，故有"千里姻缘一线牵"之说。就这样，风筝也就被赋予了爱情的寓意。

明清时期的民歌《挂枝儿·风筝》要算这方面出色的代表作：

> 风筝儿要紧是千尺线，忒轻薄，忒飘荡，不怕你走上天，一丝丝，一段段，拿住你在身边缠。不是我不放手，放手时你就一去不回还。听着了你的风声也，我自会凑你的高低和近远。

这首歌是以一个年轻女子的口吻写的，她向往着幸福美满的爱情，希望情郎哥永远在她身边，但同时也担心他爱情不专一。在男尊女卑的封建社会，"痴心女子负心汉"是较为普遍的社会现象，因此在这位女子看来，自己的情郎"太轻薄，太飘荡"，像天上的风筝一样没有根基；为了建立牢固的、长久的爱情，就必须紧紧地"拿住你在身边缠"。风筝在这里被拟人化了，成了爱情中男性角色的象征，而风筝的绳线则是女子拴住男子的柔情厚意（清人吴我欧在《美人风筝》一诗中有"花信几番凭妾寄，情丝一缕被郎牵"之句，其寓意与此相同）。女子虽然担心情郎哥远走高飞，却仍在他身上倾注了全部的爱，因此在结尾唱出"听着了你的风声也，我自会凑你的高低和近远"这样感人肺腑的话语。

这首民歌塑造了一个渴求爱情、笃于爱情的少女形象，作品以流畅而朴实的语言刻画出这位少女的细腻而微妙的心理，想象丰富，构思新奇。

清代诗人胡梦桂的一首《竹枝词》，也是爱情题材的佳作：

满湖风月夜沉沉，郎比风筝侬月琴。

柳线牵风系郎意，荷花浸月印侬心。

作品把风筝比喻为郎，把月琴比喻为爱河中的女子；当风筝放飞到天空时，那长长的风筝线维系着心上人的真挚情意，荷花与水中的月影相叠相浸，那便是"我"的一片赤心。以风筝喻男方，隐含着志向高远的意味，荷花是节操高洁忠贞的象征，用来传达女子忠于爱情的赤心是十分贴切的。作品情景交融，比喻生动，结构亦紧凑严密，首句以景物起兴，次句作出比喻，第三句是第二句前四字的引申和具体化，第四句则是第二句后三字的延长和深入，这使作品具有了层次感和条理性。

流行于潍坊杨家埠①一带的民歌《十个大姐放风筝》又有一番风趣，现录其歌词于下：

> 三月里来是清明，姐妹十人去踏青，
> 捎带着放风筝，放风筝。
> 大姐放的白素贞，二姐放的是许相公，
> 西湖来调情，来调情。②
>
> 三姐放的杨宗保，四姐放的是穆桂英，
> 气死六郎公，六郎公。③

---

① 杨家埠，风筝胜地之一，其风筝以造型美观、色彩艳丽、起飞高稳而闻名。

② 指《白蛇传》中的故事，许相公指许仙。

③ 穆桂英与杨宗保在穆柯寨一战中结亲，宗保因此遭到其父杨六郎（延昭）的斥责。

五姐放的张君瑞，六姐放的是崔莺莺，
红娘真机灵，真机灵。

七姐放的祝九妹，八姐放的是山伯兄，
尼山读《诗经》，读《诗经》。①

九姐放的牵牛郎，十姐放的是织女星，
天河隔西东，隔西东。

风筝越高情越浓，引来一群小后生，
一阵脸儿红，脸儿红。

不知不觉拽风筝，暗暗拜求月老翁，
红线你传送，你传送。

这首歌围绕着爱情来咏唱风筝，歌词主体由人们所熟知
的、作为爱情象征的男女主人公组成：白娘子与许仙、杨宗
保与穆桂英、张生与崔莺莺、梁山伯与祝英台、牛郎与织女，

---

① 指《梁山伯与祝英台》的故事，祝九妹即祝英台；尼山，在山东曲
阜县东南，传说孔子生于尼山。

十姐妹在风筝中描绘这些形象，寄托着内心殷切的憧憬与向往，那就是"暗暗拜求月老翁"，期待着美满的爱情生活，而风筝的红线就是传递情意的媒介。

河北高阳民歌《放风筝》也隐含着爱情内容：

> 姐妹闲，出城东，
> 一到城东又去踏青，
> 捎带着放风筝。
>
> 大姐放的花蝴蝶，
> 蝴蝶头上塑上了眼睛，
> 后背像张弓。
>
> 二妹放的是蜈蚣，
> 飘飘悠悠起在了空中，
> 好像一条活龙。
>
> 姐妹生得手头儿能，
> 风筝头上挂上了响铃，
> 一拽一哗楞。

姐妹正在欢乐处，
西北角上起黄风，
刮断了风筝绳。

一个刮在南京去，
一个刮在汴梁城，
无影又无踪。

姐妹想把风筝追，
腿腕发痠不能行，
直直发开了怔。

姐妹正在为难处，
从南京来了二学生，
怀抱琵琶笙。

姐妹上前弓身拜，
劳驾学生赶风筝，
姐妹多知情。

学生闻听抿嘴笑，

小眼一睁一眯缝，

小心眼儿一鼓应。

姐妹一见破口骂，

骂了学生没好心，

还骂学生不正经。

学生闻听扬长去，

撇下姐妹冷清清，

学生走得无踪影。

要得学生重相见，

待等来年放风筝。

这首歌唱了姐妹二人放风筝的过程，前半部分为一般性叙述，与其他同类民歌无大相异之处；从第八段二学生出现开始，带有了戏剧性，双方互不相识，却各自心中含情，二学生采取了过于明显和急切的方式表达心声，颇有几分调皮，结果招来姐妹的骂声，双方不欢而散；但歌曲的结尾却唱道：

"要得学生重相见，待等来年放风筝。"这是一种冀盼，一种希望，虽不是明朗化的爱情表白，却是春情的初步萌发，是存在于潜意识中的爱情种子。

风筝与爱情的联系还可以从其所描绘的内容显现出来，人物风筝如张生与崔莺莺、杨宗保与穆桂英、梁山伯与祝英台、牛郎与织女、许仙与白娘子等等，都是传说故事中体现忠贞爱情的代表性人物形象，动物风筝如双燕、双蝶、鸳鸯、龙凤呈祥等，都是爱情的象征，至于字风筝中的双喜风筝，则是真挚爱情和幸福婚姻的直接祝语。

孔祥泽在《懋斋记盛的故事》中曾引了曹雪芹的一段话，大意为：扎制肥燕，象征盛年之男；扎制瘦燕，隐喻女子；而以比翼燕表现夫妻。这是通过风筝讴歌爱情的又一佐证。

（六）风筝与神话

在风筝王国里，我们可以看到许多神话人物和场景：女娲补天、牛郎织女、嫦娥奔月、劈山救母、麻姑献寿、八仙过海、哪吒闹海、白娘子、孙悟空、猪八戒等等，这些神话人物和场景在风筝艺人的笔下被千百次地重复呈现，却丝毫没有动摇它们固有的艺术魅力。

神话世界的确太诱人了！

往古之时，发生过一场灾难，四根擎天柱倒塌了，九州大地开裂了，上天不能全面覆盖大地，大地不能完整地承载万物，野火遍地，洪水浩荡，猛兽凶禽攫食万民。这时女娲（wā）挺身而出，她烧炼五色石补好了苍天，砍下海中大鳌（áo，大龟）的腿代替擎天柱，重新将天支撑起来，杀尽猛兽凶禽，又用芦灰止住了洪水，天下始得安宁。这就是女娲补天的神话。

织女为天帝孙女，人称"天孙"，长年纺织云锦，因羡慕人间生活而下凡与牛郎结合，生下一儿一女，日子过得很美满。但织女下凡后中断了云锦纺织，天帝大怒，令她返回天庭。牛郎闻讯，将两个孩子放在筐子里，用扁担挑起，脚踩牛角腾云升天，追寻织女。王母娘娘大发淫威，她拔下头簪，在牛郎与织女之间划了一下，一条波涛滚滚的天河顿然出现了，将牛郎织女永远分开，只准他们每年七夕（农历七月七日）相会一次。这一天，所有的喜鹊都汇聚到天河，它们搭起一座桥，使牛郎织女得以见面。这就是鹊桥相会的神话。

早在尧帝时代，天上十个太阳同时出现，大地被晒裂了，河水被晒干了，百姓无所食。一个善射的英雄羿弯弓搭箭，一连射掉了九个太阳，人间生活恢复了正常，万民皆喜。后来，羿从西王母那里得到了不死药，他的妻子嫦娥偷吃了，顿觉身体轻盈，飘然而起，她抱起一只白兔直奔天空，最后来到月宫，成为月中之神。

高入云端的华山上有座圣母庙，里面住着美丽端庄的三圣母。一天，青年书生刘彦昌来到此地，二人互相倾慕，私订终身。三圣母的哥哥二郎神闻讯大怒，要杀死刘彦昌，三圣母凭仗宝莲灯的神力驱退二郎神和他的哮天犬，之后与刘彦昌完婚，婚后生下儿子沉香。在沉香百日庆宴上，哮天犬化妆成卖艺人盗走了宝莲灯，三圣母失去了法力，被二郎神所擒，压在华山底下。二郎神又想加害于沉香，却被霹雳大仙救出。15年后，沉香在霹雳大仙的培育下，练就一身武艺，他持神斧来到华山脚下，击败了护山神，又从二郎神那里夺回了宝莲灯，最后劈开华山，救出母亲。"劈山救母"即指这段动人的故事。

我们无须将诸多神话一一详述，以上数例虽只是粗陈梗概，却足以引发人们的无穷想象。

风筝与神话结缘实在是聪明之举，神话所特有的妖冶诡奇、扑朔迷离的素质使风筝世界显得绚丽夺目。其实，二者结缘，并非出于偶然。

神话，是人类童年时代的口头文学创作。当时由于生产力低下，认识能力薄弱，许多自然力人类不能征服，许多自然现象人类不能解释，于是神话产生了。"任何神话都是用想象和借助想象以征服自然力，支配自然力，把自然力加以形象化"（马克思语），于是人们创造出女娲来补天，创造出羿来射日，创造出精卫来填海，创造出龙来降雨。马克思指出：希腊神话是"通过人民的幻想"创作出来的，它不只是希腊艺术的宝库，而且也是希腊艺术的土壤，"就某方面说还是一种规范和高不可及的范本"。这段话对希腊神话的重要文化价值作了热情的肯定，并强调了希腊神话的人民性。

对于中国古代神话，也应当如是观：中国神话是中国的宝贵文化财富，它是劳动者创造的，并且在劳动者中间广泛流传。

风筝也是劳动者创造的，在劳动者中间不断加工、提高、更新、完善。

在民俗文化这根琴弦上，二者产生了共鸣。

神祇生活在天上，即使居住在海里的龙也能腾云驾雾，遨游于九天，天上的世界是幻想的、浪漫的；神祇也生活在地上，他们长着人（或兽）的外貌，穿着人的服装，具有人的性格和情感，他们之间也构成了像人类一样的社会关系，因此，神话世界只是"用一种不自觉的艺术方式加工过的自然和社会形式本身"（马克思语）。地上的生活是物质的、现实的。神祇因为是天上的、幻想的、浪漫的，故能给人们以敬畏感和倾慕感；神祇因为是地上的、物质的、现实的，故能给人们以真切感和亲近感。天与地就这样巧妙地结合在一起。

风筝也正是通过一根长线将天与地相联结的。风筝取用感性的物质材料，由寻常百姓制作出来，它是人间的、现实的；然而它只有在远远的、高高的天空中才能真正地展示自己，于是就具有了仙界的、浪漫的气质。

在天地合一、人神合一、物质与幻想合一、现实与浪漫合一这个层面上，风筝与神话拨动着同一根琴弦。

这大约就是风筝与神话结缘的奥秘所在。

神话借助语言符号咏叹着悲喜之情，诱发着人们的表象和幻想，风筝则将表象与幻想转化为实在的形象，具有了可感性和直观性。神话交代着动态的过程，讲述着事件的变化，而风筝则选取动态过程的某一瞬间，加以定格，被凝固了的形象其实隐含着、包容着神话的全部叙述内容。神话为风筝提供着丰富的素材和旨趣，启发着艺人们的思路，风筝则物质地再现着神话，诠释着神话，热情地唤醒人们深层意识中关于往古神话的记忆。

　　风筝与神话都深深地扎根于广大民众现实生活的沃土里，在风雨沧桑的岁月中，成长为并根连理的参天大树，充实着、装点着民俗文化之林。

六、风筝与艺术

风筝自身能不能算是艺术？所谓艺术，是指审美精神产品，是专供人们欣赏而生产的产品。[①] 风筝作为一种壁饰，已经具有了艺术的性质，但大多数风筝是为了放飞而制作的，这与秋千、高尔夫球颇为相似，只有通过某种活动才能给人们带来愉悦欣喜，这种愉悦欣喜主要在于活动本身，而不在于活动工具。这就是说，放风筝是目的，风筝本身只不过是工具和手段，因此它不能算是艺术品（正像秋千、高尔夫球不能算是艺术品一样），尽管它可以制作得十分精美。

然而，风筝与艺术结缘极深，这一点却是无可置疑的。

---

① 本书"艺术"一词，取用严格定义，不包括"领导艺术"、"交际艺术"、"服装艺术"之类的对象，即不采用泛化的艺术概念。

（一）风筝与绘画

与风筝关系最为直接的艺术门类要算是绘画了。一方面，风筝将绘画当作自身制作过程中的一个不可缺少的环节，当作构成自身形象的一个要素，另一方面，绘画也把放风筝的活动当作颇有兴味的题材，并予以生动的表现。

从题材方面看，风筝模拟大千世界的物像几乎是不受限制的，它与绘画的题材同样广阔，无机类、花卉类、昆虫类、禽鸟类、走兽类、人物类乃至抽象的几何形体，无所不包，一个风筝博览会，简直就是客观现实的缩影；从表现原则上看，风筝绘制的形象与绘画一样，有拟真写实的，也有想象夸张的，现实主义与浪漫主义两种基本创作方法都能得到充分发挥；从风格上看，风筝也像绘画一样丰富多彩，不拘一格；从技法上看，二者几乎是相同的，潍坊杨家埠、天津杨柳青的有些风筝干脆将现成的年画按风筝轮廓剪贴裱糊，做成风筝。在这种情况下，绘画与风筝就合二为一了，难怪潍坊流传着关于风筝的这样两句话："挂在墙上是年画，放到天上是风筝。"

但是，风筝中的彩绘并不能完全等同于绘画艺术。

在内容上，风筝偏向于表现吉庆喜悦的意蕴，而不像绘画艺术那样可以揭示悲痛和苦难。达·芬奇的《最后的晚餐》、欧仁·德拉克罗瓦的《美狄亚杀子》、德·席里科的

《梅杜萨之筏》、毕加索的《格尼卡》等，都是剑拔弩张、起伏跌宕的，表现出现实世界血与火的斗争，善与恶的对抗；反映在观众心理上，则是恐惧、悲愤、哀伤、激越，是灵魂的震颤，乃至内心久久不能平静。这些绘画虽是无可置疑的艺术精品，其内容和情感基调却不宜于在风筝中出现。风筝要求唤起人们较为单纯的情感愉悦，而不是像悲剧内容那样使人由痛感转化为快感。从这方面看，风筝彩绘的题材远不如绘画艺术那样丰富和广阔。

在结构布局上，绘画拥有极大的自由，不但画幅面积可由画家自由处理，而且在经营位置方面画家也有广阔的想象天地。风筝则不然，除了平板类较为自由外，其他类型的风筝都要受结构轮廓的限制，尤其是描绘鸟类、昆虫类的风筝，比如蝴蝶风筝，其整体造型是在扎、糊工序中已经完成的，彩绘只限于在既定的形体上施加色线，因此，"依形绘像"是风筝制作的重要特点，在这方面，风筝彩绘仍不如绘画艺术自由。

风筝是为了放飞而制作的，升入空中后，人们只能远距离欣赏，因此其艺术风格是色彩鲜亮、线条明晰，以达到醒目的效果，而绘画则不限于这类风格。

最后，尽管我国风筝已经走向世界，潍坊成为世界风筝都，一年一度地欢庆世界风筝节，然而风筝彩绘在技法上仍保持着浓厚的民间色彩和乡土气息，"洋味"的油画、素描技法在风筝中几乎派不上用场，而中国民间绘画（如年画等）

的技法则大有用武之地，"俗"的特点保留至今。

在绘画作品中，放风筝的活动是画家们喜爱的题材。

宋人郭若虚在《图画见闻志》中记载了画家郭忠恕的一次作画情形：有人请郭忠恕即席作画，郭忠恕展开卷轴一看，竟长达数丈，观者为之皱眉；面对这一难题，郭忠恕灵感突发，他提笔在卷首画了一个头梳双髻、天真烂漫的童子，手持线车，线车中引出长线，一笔延至卷尾，然后画上一个小风筝。这一构思恰好适应底子狭长的特点，构思之巧妙令人叫绝。

宋人苏汉臣的《百子戏春图》中也描绘了儿童放风筝的场面。

明代画家仇英曾临摹北宋画家张择端的《清明上河图》，对原作进行了改造，加入了放风筝的内容：河岸小桥旁，六个童子在玩耍嬉戏，他们将一面瓦片形饰有飘带的风筝放飞到空中，风筝越过高大的院墙，在一座阁楼的上空飞动，倘将风筝线再放长些，风筝就会越过城墙而进入城内上空；从童子们仰望天空的姿态，可以看出他们对这项活动十分投入，也从中获得了极大的乐趣。这里须顺便指出：潍坊风筝博物馆中选展了仇英所画《清明上河图》中儿童放风筝的片断，但解说词中却说是张择端所绘，这是一个不小的谬误，有些出版物也以讹传讹，重复此说。其实，张择端的《清明上河图》中并没有放风筝的场面，仇英在临摹时，对原画作了较大的改造，有些地方甚至是面目全非的，放风筝的内容就是他加入的。严格地讲，仇英的作品不是真正意义上的临摹，而是对原作的改编和再创造。这一事实必须予以澄清。

明代文人徐渭晚年喜欢以风筝为题材作画，他曾作《风鸢图》，并为之赋诗，"每一图必随景悲歌一首"，图与诗均寄托了作者对风筝的极大兴趣与热情。

清代画家吴友如曾绘上海张园春日放风筝的图画，画面上有士人，有妇女，有儿童；有站立者，有乘马车者；有的持线放飞，有的仰望指点；人们三五成群，好不热闹；空中的风筝星罗棋布，有蝴蝶，有飞鸟，有蜈蚣，也有最简易的方块。该画题词中说："每当艳阳天气，清风习习，平原芳草间，三五成群，竞相征逐洵足乐也。……盖沪上张氏味莼园中多隙地，时有孩童入放风筝，故园主人拟设一风筝会，藉以招徕裙履逐队遨游也。"该图即如实地再现了风筝会的盛况。

吴友如还曾作《纸鸢遣兴图》，在高山峻岭间，若干风筝在空中飞动，放风筝的人却隐没在山石树丛中；山下的小亭子附近，聚集着一群仕女，热闹非凡。题词中写道："闽中风俗，重阳日都人仕女，每在乌石山、于山、屏山上竞放风筝以为乐。"

吴友如的《白日飞升图》（图6）中所描绘的场面惊险而

有趣：在城楼上，一个孩子双手抓住风筝线，因空中的风筝拉力太大，孩子竟被提了起来，幸亏风筝线挂在屋角上，孩子才在屋檐下悠荡着，而没有被拽到空中去；城墙上的人慌忙向孩子跑去，气氛极为紧张。作者在题词中写明：甬江陈某携儿子阿宝在此放纸鸢，儿子要求拿着风筝线试试轻重，"陈不忍拂其意，遂以线头授之，然该童年仅十龄，身微力弱，适值北风怒号，一煞时携提空际，大有列子御风瞬息千里之势，幸被城垛绊住，巡城勇丁援之而下，不致飘荡无归。"读了这段文字，再审其图，观者都会为这个童子捏一把汗。在中国传统绘画中，如此富有戏剧性的作品是为数不多的。

图6　吴友如绘《白日飞升图》

在人们所熟知的杨柳青年画中，可以看到许多放风筝的画卷，如《十美图放风筝》，庭院外十二名秀美端庄的青年女郎各自手执风筝放飞，有人物风筝、鸟类风筝、鱼风筝，值得注意的是还有串灯，地上的树、天上的云、近处的院墙、远方的山丘，汇成一片秀美明丽的诱人春景。《新春八景》中，有一幅放风筝图，五名仕女分别放起金鱼、串灯、八卦等类风筝，两名男性少年各持一面风筝准备放飞，又有一名童子手舞足蹈地放起了一串屁帘风筝，人物的活动使小小庭院生机盎然。《春风得意》描绘了一名妇女带领三个童子放风筝，放得最高的是一只大"囍"字风筝，旁边是燕子风筝，最年幼的放了一只屁帘风筝，像是没放好，眼看就要落到地面了，整个画面充满生活情趣。画面的右上角题诗曰：

夕阳春来画图中，凤鸢鸾翔借好风。

莫道儿童嬉戏意，青云有路总能通。

诗画融为一体，更增强了作品的艺术感染力。

光绪三十一年（1905年），广州《时事画报》上载有一幅
题为《特别纸鸢》的风俗画（图7）：在一家店铺的屋檐上，挂

图7　特别纸鸢

着一面板子风筝，显然是坠落在那上面的，地有一个儿童因攀

拾风筝而跌倒在地，身边两个成人急忙去搀扶，另外两人仰看风筝，店铺里的四个人则惊愕地看着眼前的场面，整个画面颇似抓拍的镜头，生动逼真。有趣的是，那只大风筝上写着"结成团体抵制美货"八个大字，其中的爱国主义精神是不言自明的，而外圆内方的风筝造型恰恰构成了当时铜制钱币模样，风筝的飘带也由数十个小钱币串联而成。在这里，"孔方兄"已决然摆脱了所谓"财迷心窍"、"铜臭"之类的意味而成为中国货币的代码，进而成为中国经济独立的象征。聪明的中国人竟把风筝当成政治斗争的宣传工具，这是多么令人振奋的举动啊！

除绘画外，在金代留下的铜镜上，在明代以后留下的青花瓷器上，也能发现放风筝的刻纹或装饰图案。关于金代的铜镜，上文已经提到，兹从略。瓷器可举"青花琵琶八景图"为例，这是一块长28.5厘米，宽26.7厘米，厚3.5厘米的瓷板，作者是日本画家狩野永岳。清嘉庆十八年（1813年）景德镇陶瓷艺人陶贞仿照此画制成瓷器。画面描绘了江州琵琶湖的八大景观（三井晚钟、石山秋月、坚田落雁、粟津晴岚、矢桥归帆、比良暮雪、唐崎夜雨、濑田夕照）的壮美风光，在中段右侧，堰堤上有两个童子在放风筝，大约是蝴蝶风筝。这件由中日两国艺人共同完成的作品，乃是风筝史中不可多得的珍贵资料。

近年河北磁县出土的一件"婴戏风筝图"瓷枕，绘有小儿放风筝的图像，小儿头挽丫髻，活泼可爱，双腿呈弓步，右手执线车用力拉扯，小小的屁帘风筝尚未飞起，放飞线与地面几乎平行，好像这孩子还不太会放风筝，更突出了他的稚气。江苏扬州梅岭出土的一件青瓷花碗（已残破）碗心绘有"双童戏风筝图"，两个童子共扯一线，那风筝飞得很低，风筝线弯弯曲曲，不成形状，但童子仍然兴致勃勃，手舞足蹈，观之令人怡悦。铜镜、瓷器绘纹近似于绘画，故放到这里一起述说。

总之，风筝与绘画不论在内容上还是在技法上，都有着紧密的联系，二者又有一定区别。风筝彩绘可以视为特殊方式的绘画，它是一种在固定的框架中展开的绘画，是建立在民族艺术基础上的绘画，是以喜庆吉祥为主导内容的绘画。

绘画，则表现出对风筝的极大的关切，放风筝的活动能成为绘画艺术的生动题材。这一方面与绘画反映社会生活场景的广阔性有关，另一方面也与放风筝本身的高度趣味性是分不开的，既然放风筝是春季里颇受人喜爱的活动，而画家总是热爱生机盎然的春天，那么，他们就会自然而然地注意到放风筝。

（二）风筝与诗文

风筝的种种意趣在诗歌中得到了最充分、最畅快的表现，由于以风筝为题材的诗数量较多，人们干脆习惯地把这类诗称为"风筝诗"。

明代诗人徐渭的《风鸢图二十五首》是颇有代表性的，信手捻出几例以供欣赏。先看第一首：

> 柳条搓线絮搓绵，搓够千寻①放纸鸢。
>
> 消得春风多少力，带将儿辈上青天。

诗的立意新颖而别致，为了将风筝送上青天，人们表现出极大的兴趣和耐心，将柳条和柳絮搓够千寻线绳，用笔虽夸张，却入情入理地描绘出人们积极投入放风筝前准备工作的情形，暗衬出放风筝这项活动的诱惑力。

第三首则描绘出放风筝的壮阔场面：

> 鸢于儿辈何相关，苦要风高九万抟（tuán，盘旋）。
>
> 无限片帆当此际，钱塘江上雪如山。

风筝扶摇直上九天，江面群帆雪白如山，天高水阔，风筝与船帆相映成趣，其景象是何等热闹，何等气派！

第十三首别有一番情致：

> 高高山上鹞儿飞，山下都是刺棠梨。

---

① 寻，古代长度单位，八尺为一寻。

只顾鹞飞不顾脚，踏着棠梨才得知。

儿童将全部精力都集中在空中的风筝上面，为了使风筝飞得更高，他不顾一切地仰着头奔跑，直到踏着带刺的野梨才意识到脚下的地面。儿童那种稚气单纯、全神贯注的情态被刻画得活龙活现。

第十九首主观视点转到了老人身上：

春来偏与老人仇，腰膂（lǚ脊骨）如弓项领柔。

看鹞观灯都好景，正难高处去抬头。

主人公是一位老者，弯腰驼背，脖颈酸软，行动不便，但他仍然对放风筝表现出极大的兴趣，偏偏风筝是在天上的，仰望格外困难，这种情势似乎有意跟老人作对，难怪老人发出"春来偏与老人仇"的牢骚，埋怨之中透露出惋惜。

第二十首更有趣味：

百丈牵风假鹞飞，不知断去寸难持。

若留五尺残麻在，还好渔翁捻钓丝。

诗歌刻画了一个放风筝者在风筝断线的那一瞬间的细腻心理：风筝高达百丈，风筝线却偏偏在离手一寸的地方断开，放飞者颇有几分遗憾和失落感，他想，要是剩下五尺残麻，给渔翁用来捻成钓鱼线该有多好啊！这首诗的选材与构思都十分别致。

清代诗人高鼎的《村居》一诗也颇有特色：

> 草长莺飞二月天，拂堤杨柳醉春烟。

> 儿童散学归来早，忙趁东风放纸鸢。

草长莺飞，杨柳拂堤，早春二月，飘烟似醉，在这充满生机的乡村景象里，放起风筝该有多么惬意！难怪散学早归的儿童不肯放过东风吹来的大好机会。

曾在风筝胜地潍坊（当时称潍县）做过七年县令的郑板桥，乾隆十八年（1753 年）罢官后曾写下关于风筝的意蕴隽永的诗篇《罢官作》：

> 老困乌纱十二年，游鱼此日纵深渊。

> 春风荡荡春城阔，闲逐儿童放纸鸢。

诗人罢官后如同鱼儿纵身潜入深渊，挣脱了羁绊，获得了自由；在春风荡荡的大好季节里，将风筝放飞于碧空高天，心中真有无法言传的舒适与畅快。十年后，郑板桥又写了一首《怀潍县》：

> 纸花如雪满天飞，娇女秋千打四围。

> 五色罗裙风摆动，好将蝴蝶斗春归。

郑板桥曾将潍县比作苏州，去官离任后对潍县的景象和风情十分依恋。这首诗以明丽淡雅的笔调描画了潍县生机盎然的春日气象，在这带有浓厚民间色彩的生活景观中，风筝占有显要的地位和空间，"纸花如雪满天飞"，翩翩起舞的风筝装点着蔚蓝的天空，那场面是颇能令人心驰神往的。

现代诗人裴星川的《潍县春节即事百咏》记述了潍县自残腊至清明的节时风物，其中一首为：

> 卖花声里过清明，丝雨片风寒暖轻。
>
> 好趁新晴残照里，绿杨村外放风筝。

清明刚刚在卖花声中度过，丝雨片风，乍暖还寒，这是四季中最诱人的季节，细雨刚停，趁着天气放晴，太阳尚存余晖，赶紧到村外放起风筝，以畅心怀。作品立意清新，境界淡远；语言平易，直如白话，信口唱出，饶有兴味。

当代诗人靳星五的《重访潍坊》写道：

> 潍坊堪称风筝城，遮天盖地尽风筝。
>
> 大道旁边多叫卖，蝴蝶彩凤和长龙。

直来直去，快人快语，简约而概括地道出了风筝会期间潍坊市面的典型特征，既勾画出地方色彩，又显示出时代风貌。

翱翔于蓝天上的风筝，常会引起人们无穷的遐想，以"景语"显示"情语"的诗人就更是如此。因而许多诗歌的寓意远远超出了风筝飘舞的现象本身，而达于对宇宙、人生、社会等课题的思索与隐喻。

金世宗之子完颜允恭的《风筝》一诗立意颇具特色：

> 心与寥寥太古通，手随轻籁入天风。
>
> 山长水阔无寻处，声在乱云空碧中。

这首诗与其说是写风筝，不如说是写放风筝者的心境。当风筝承受天风之时，人的心灵也达于缥缈辽远、无边无际的空庭，进而思接千载，缅怀太古，风筝在"乱云碧空中"传来的声响，唤起了诗人一飞冲天的抱负和理想。

深为百姓喜爱的宋代著名宰相寇准的《纸鸢》诗与完颜允恭的诗作可谓异曲同工：

> 碧落秋方静，腾空力尚微。
>
> 清风如可托，终共白云飞。

诗人希望清风持续不断地吹动，这样风筝就能长久地逗留在天空，与白云一起飘飞，尾句分明表达了诗人遨游太空、向往自由的心愿。这首诗前二句写现实，后二句写冥想，用语平凡而意境淡远，情感寓于平静从容的艺术氛围之中，耐人咀嚼。

蒲松龄的《鼓留慢》与以上两首诗在旨趣上颇为相近：

> 寻常竹木无奇骨，有甚底，扶摇相？系长绳，撒向春风里，顷刻云霄飞上。多少红尘客，望天际，一齐瞻仰。念才同把握，忽凌星汉，真人世，非非想。得意骄鸣不

了，似青冥，无穷佳况。我从人众，凭空翘首，将心情质问。不识青云路，去尘寰，几多寻丈？得何时，化作风鸢去呵，看天边怎样？

浩渺无际的天空，在古人看来是那样神秘，又是那样富有诱惑力，屈原的《天问》显示了先秦贤哲对获得天体的来源与结构知识的强烈愿望，在古代民众心目中，上天则是神明的住所，是圣洁的理想世界；而风筝，是人类创造的、可以飞向天空的精彩作品，通过一丝长线，人与天界连到一起了，于是，人们关于天界的种种幻想和梦境便有了寄托，"心与寥寥太古通"，"清风如可托，终共白云飞"，"得何时，化作风鸢去呵，看天边怎样"，等诗句所表达的，正是这种希望达于神灵王国、追求美好的理想的人类普遍心理。

放风筝并非是一种完美无缺的活动，在雨降风停的时候，在失衡坠地的时候，总会给人们带来几分遗憾，这时，富有诗意的种种遐想，就会蒙上一层迷茫惆怅的薄雾。请看清代诗人舒铁云的《纸鸢篇》：

> 杏花深巷春泥消，粥香饧白闻吹箫。
> 东风袅袅二十四，已有少年相招邀。
> 云皋烟隰春衫影，朝取长绳系韶景。
> 此时韶景安可知，低昂高下随群儿。
> 儿呼拍手欢无极，仰面看天齐著力。
> 鹍鹏化去未可期，莺燕飞来似相识。

> 浮云浩浩风棱棱，太虚一点高一层。
> 初疑翩翩下黄鹄，又若搏击呼苍鹰。
> 雕陵乌鹊不得意，银潢日夕思回腾。
> 微缯纤缴岂知数，看尔白日能飞升。
> 飞升毕竟难与说，隐隐红灯夜深灭。
> 银竹生愁细雨多，青频复恐微飙绝。
> 孤鸿何处怨飘零，病鹤谁家舞蹩躠。
> 别有风弦汉殿筝，宫商一线遥呜咽。

趁着早春的美好时光，儿童们在清晨放起了风筝；他们兴高采烈，仰看青天；风筝如黄鹄上下翻翻，似苍鹰搏击长空，乌鹊在风筝面前感到不得意了。然而，风筝最怕"细雨多"和"微飙绝"，到那时，风筝上的弓弦会远远传来呜咽的声响。

清代诗人吴伟业的《江城子·风鸢》的格调与上面这首诗有些相近：

> 柳花风急赛清明，小儿擎，走倾城。一纸身躯，便欲上天行。千丈游丝收不住，才跌地，倏无声。　　凭谁牵弄再飞鸣？御风轻，几人惊。江南二月听呼鹰。赵瑟秦筝天外响，弹不尽，《海东青》。

较之舒铁云的诗，这首词多了几分亮色，除了"千丈游丝收不住，才跌地，倏无声"外，作品在整体上仍旨在创造风筝闹春的优美意境，尤其是下片结尾，其景象是颇为壮观的。在程穆衡笺、杨孚沆注的《吴梅村诗集笺注》中，将这首词解释为影射明代阮大铖攀附魏忠贤的，恐怕有些牵强，这首词的意义更在于放风筝景观的本身。

风筝毕竟是假借风力、在绳线的控制下飞上天空的，这与禽鸟靠自身的力量昂首展翅、搏击长空是完全不同的。这就使诗人们从中寻到了另外的隐喻思路，赋予它否定性的含义。请看唐代诗人元稹的《有鸟》诗：

> 有鸟有鸟群纸鸢，因风假势童子牵。
>
> 去地渐高人眼乱，世人为尔羽毛全。
>
> 风吹绳断童子走，余势尚存犹在天。
>
> 愁尔一朝还到地，落在深泥谁复怜？

风筝升入天空，是"因风假势童子牵"，却产生了"人眼乱"的效果，人们以为是"羽毛全"的飞鸟；绳线断了之后，还可以暂时在空中飘浮片刻，但最后终究要跌落下来，无人顾怜。这首诗借风筝飞升下落现象恰切地影射了现实社会中投机钻营、攀龙附凤、依靠权贵而飞黄腾达的势利小人，这些鄙琐之辈飞扬跋扈、不可一世，而一旦失去靠山，便摔入泥潭，为人类所不齿。诗的这一寓意不但具有一定的政治内容，而且也包含着对人生价值的思考，告诫世人放弃寄生哲学，树立独立人格。

再看元代诗人谢宗可的一首诗：

> 自负云霄早致身，安排线索靠他人。
>
> 摩天手段乘风展，掉尾精神逐日新。
>
> 暂耸观瞻喧里巷，终嗟破碎委埃尘。
>
> 牵来拽去成何用？骤雨淋头断送春。

　　风筝尽管在云霄里飞腾，然而，"安排线索靠他人"一句却道出了它缺乏独立品格的致命弱点；三、四句写风筝在空中纵横驰骋、昂首摆尾的得意情态，它所获得的欣赏效果则是"暂耸观瞻喧里巷"，"喧里巷"三字言其反响盛大，但"暂"字指明了这种反响的瞬间性，于是引出了"终嗟破碎委埃尘"一句，由"暂"而"终"，是必然的逻辑走向，也是高低悬殊的强烈对比；最后两句对风筝的价值做出了否定性的断语。通篇看来，风筝的人生寓意是明显的、深刻的。

　　清代诗人赵执信的《咏风鸢学江东体》的寓意与元稹的诗有些相近：

> 节候迁移物象分，春深城野见纷纭。
>
> 偶缘涂饰能成质，才有因依便入云。
>
> 线影暗凭童稚引，风声高逼帝天闻。
>
> 伤鸿病鹤知多少，息羽垂头合让君。

作品将风筝与鸿、鹤作了鲜明的对比，风筝经过涂饰而显得华丽，且高入云端，嗡嗡的鸣响连上帝都听得见，鸿雁与仙鹤却非伤即病，在风筝面前息羽垂头，甘拜下风。这一隐喻尖锐地抨击了封建社会中最为常见的腐败现象：无才无德的平庸之辈依靠亲朋、裙带关系爬上高位，真正胸怀壮志、德才兼备的有识之士却经历坎坷，终生不得志，只好任凭那些厚颜小人骄横放肆、嚣张猖狂。从批判现实、针砭时弊的角度看，这首诗是相当深刻、相当有力度的。

　　在《红楼梦》第二十二回，写到元妃、迎春、探春、黛玉、宝玉、宝钗等人制灯谜的情节，其中探春所拟的谜语是：

> 阶下儿童仰面时，清明妆点最堪宜。
>
> 游丝一断浑无力，莫向东风怨别离。

谜底是风筝。这首诗是对探春命运的隐喻。探春虽是个精明能干、有所作为的女子，但她能当上贾府中的女管家，是以王夫人为靠山的，王夫人就像"东风"一样，将探春这只风筝吹上了天；然而，决定探春远嫁的，恰恰也正是这位王夫人，失去靠山，她也就像断了线的风筝；而心头的离别之怨苦，是无须向"东风"诉说的。这首诗恰切地揭示出探春的独特遭遇。

这一隐喻在第五回中已见端倪：贾宝玉神游太虚境时，在一幅画后面看到四句诗："才自清明志自高，生于末世运偏消；清明涕泣江边望，千里东风一梦遥。"这首诗被红学家们看作是写探春的，而这幅画所画的恰好是两个人放风筝，其中的寓意与探春的谜语是吻合的。

在赋这种文学形式里，我们也看到了风筝作形象。

唐荣①的《纸鸢赋》在隐喻的意义上对风筝作了更为详尽的描绘和铺陈。现录于下，以飨读者：

> 代有游童，乐事末工（末技，小技）。饰素纸以成鸟，像飞鸢之戾（lì，劲疾）空。翻兮度将振沙之鹭，杳兮空先渐陆之鸿。抑之则有限，纵之则无穷。动息乎丝纶之

---

① 唐朝人，生卒不详。

际，行藏乎掌握之中。其翰（hàn，羽毛）非逸，其羽乃疾。弄轻影，昂素质。侔（móu，齐等）瑞鹊之临河，学灵鸟之就日。诡状万殊，奇姿匪（同"非"）一。冲激吹而频惊，入增尘而乍失。及夫晚际萧寥，近日迢遥。出虚景，逼长霄。艳艳裔裔（yìyì，形容舞态袅娜），亭亭迢迢。如片云之初下，似残云之欲销。何裕如（从容）之謷謷（áoáo，傲慢自得），纷携兹而玩玩。其上同绮翼之迁乔（迁往高处），其下若驺驺（zōu，掌管马的官吏）之就唤。虞（yú，传说中的兽名）罗获兔，弦缴（zhuó，系在箭上的生丝线绳）莫惮。野鹊来迁而伴飞，都人相视而指看。叹乎升腾得势，真假相乱。殊不惭鹦鹉之被笼，苍鹰之受绊。六鷁（yì，能高飞的水鸟）尚退于宋都（指春秋时宋代都城），大鹏犹沉于海畔。彼无识而无知，亦曷足以见嗤！但仰牵运，不能自为。无仙鹤九皋（gǎo，九折之泽，深泽）之响，乏晨鸡五德（古人认为鸡有文、武、勇、仁、信五种品德）之奇。零落倏（shū，极快）忽，悠扬暂时。偕鸳鸯之侣，入凤凰之池。向若劳力，高风莫吹。安有望于寥廓，必不出于藩篱。且纸之所尚，事有攸往（久远）。供笔阵（古人谓写字运笔如军阵）之乐，起词华之赏。故莫载于凤文，而反图于鸱（chī，鹞鹰）像。因人而进，争路而长。固不济于时须，欲屏之兮何爽（差错）！

作品一开头就直率地指出玩耍风筝是一种"末工"，是儿童游戏；然后点明风筝升天的原理，亦即"动息乎丝纶之际，行藏乎掌握之中"；接着，作者用了较长的篇幅陈说风筝翱翔空域、洋洋自得的情态，相比之下，凭仗自身的体力腾飞的鹦鹉、苍鹰、鸩、大鹏却受着"被笼"、"受绊"、"退于宋都"、"沉于海畔"之苦，成了风筝嘲笑的对象。经过一番对比之后，作者对风筝展开了正面批评：风筝无知无识，依靠牵引而不能自为，既不如仙鹤，又不及晨鸡，倘不是人力和风力，别说飞腾于寥廓之中，就连矮小的篱笆墙也翻不出去。最后态度鲜明地指出：风筝既然对时代的需求没有任何用处，丢弃它又有什么差错呢！尾句是全篇的主旨，通过对风筝的否定，讥讽和斥责社会上寄生虫式的人物。

杨誉①的《纸鸢赋》寓意略有不同：

> 相彼鸢矣，亦飞戾天。问何能尔，风之力焉。余因稽（jī，考察）于造物，知不得于自然。原其始也：谋及小童，徵（求）诸哲匠（工匠）。蔡伦造纸，公输（公输般）献状。理纤蔑（miè，竹子劈成的薄片）以体成，刷丹青而神王（wàng，通"旺"）。殷（盛大）然而髣（剃剪，梳理）彼羽翼，邈（miǎo，遥远）然而引夫圆吭。膺（yīng，胸）系纤缕，趾续长绳。俯剧（刚烈）骖（马）之七达（地域

---

① 是唐朝人，生卒不详。

辽阔），挂高台之九层。形全而和，似斗鸡之养纪渻。目不大睹（尽全力也看不清），若翼鹊之在雕陵（草木衰落的山丘）。因所好而毛羽，思有遇而骞（qiān，鸟飞举貌）腾。鄙宋都之退鹢，慕溟海之抟鹏。于是扇以扶摇，纵诸寥廓。绚练（彩绳）倏闪，翕（xī 收敛）赫（显赫）忽（迅速）霍（响声）。瞬息而上千寻，咄嗟而游大漠。翔鹑（同"鹍"，大鸟）仰而不逮（及），况青鸟之与黄雀？彼都人士，瞻伫城隅。初指冲天之鹤，远言拂（掠过）日之乌。望有尘埃，谓翻形而载旆（pèi，旗帜）。听无音响，疑避影以衔芦（雁衔芦草以自卫，令箭矢不得射其翼翅）。始回翔于元气，终出入于高衢（天街）。所以羽翮（hé，羽茎）既成，云霄自致。期上腾以奋激，何中路（半途）之颠坠？力不培风，势将控（投）地。感鱼龙之失水，冀蚊虻之附骥；比画虎之非真，与刍狗之同弃。宁待时而蓄力，信因人以成事。吁嗟鸢兮适时，与我兮相期。知我者使我飞浮，不知我者谓我拘留（限制，飞不起）。啄腐鼠兮非所好，哨（放哨，守卫住所）茅栋兮增至愁。才与不才，且异能鸣之雁。适人之适，将同可狎（轻视）之鸥。我于风兮有待，风于我兮焉求？幸接飞廉（风神）之便，因从汗漫（不着边际）之游。当一举而万里，焉比夫榆枋与鸴（xué 小鸣禽）鸠者哉！

我们不难发现，这篇赋与唐荣的作品在描述内容、结构布局乃至遣词造句诸方面都十分相近，但在终篇处却引发出与唐荣不同的感想，也寄托着更为深刻的哲理：风筝固然无力自己升天，但它可以利用大自然所提供的条件（风神飞廉）一展宏图，关键在于待时而动。人生何尝不如此，清醒地认识自身的条件，抓住外在的良好机遇，以求得上进与发展，这种态度和品格毕竟不是榆枋和鸠鸟所能相比的。

风筝也出现在散文之中。

前面提到的鲁迅的《风筝》中就有一段诗意隽永的文字：

> 北京的冬季，地上还有积雪，灰黑色的秃树枝丫叉于晴朗的天空中，而远处有一二风筝浮动，在我是一种惊异和悲哀。
>
> 故乡的风筝时节，是春二月，倘听到沙沙的风轮声，仰头便能看见一个淡墨色的蟹风筝或嫩蓝色的蜈蚣风筝。还有寂寞的瓦片风筝，没有风轮，又放得很低，伶仃地显出憔悴可怜模样。但此时地上的杨柳已经发芽，早的山桃也多吐蕾，和孩子们的天上的点缀相照应，打成一片春日的温和。

开头的这段环境描写，深沉而略带凄凉，既表达了作者对故乡的眷恋，又为全文所传达的悔恨心情作了有力的铺垫。

1982 年，梁实秋在台湾《联合报》上发表了一篇题为《过年》的散文，表达了对往日岁月放风筝活动的欢乐情景的甜蜜追忆：

> 过年时我最难忘的娱乐之一是放风筝。风和日丽的时候，独自在院子里挑起一根长竹竿，一手扶竿，一手持线桄子，看着风筝冉冉上升，御风而起，一霎时遇到罡风，稳稳地停在半天空，这时候虽然冻得涕泗横流，而我心滋乐。

从以上有限的例子不难看出，关于风筝的诗文，其内容是相当丰富的，有对风筝制作过程的描绘，有对风筝放飞时愉悦心情的表达，有对宇宙广袤空间的向往和对遥远太古的缅怀，有对客观与主观世界的理性思考，有对社会不良现象的尖锐批判，也有对人生哲学的冥想与探索。风筝诗文不但具有不可忽视的美学价值，而且作为文化载体，它释放着丰富的社会信息，并且对人们的精神领域作了深刻的揭示。

（三）风筝与音乐、舞蹈

放风筝是一种惹人喜爱的活动，当这种活动普及于民间以后，就自然而然地与民间歌舞结缘。在民歌中，我们可以找到大量咏唱风筝的作品。

先看河北民歌《放风筝》：

1=G 2/4

中速、轻松地

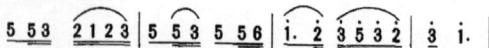

```
5 53  2123  5 53  5 56  1. 2  3532  3. 1.
```
三(哪)月　(衣哎)　哎哎咳)里　来　(衣哎)
姐(衣哎)姐　(衣哎)　哎哎咳)穿　的　是(哎)
打(衣哎)开　(衣哎)　哎哎咳)机　子　来(哎)
姐(衣哎)姐　(衣哎)　哎哎咳)放　的　是(哎)
小(衣哎)妹　(衣哎)　哎哎咳)放　的　是(哎)
姐(衣哎)姐　(衣哎)　哎哎咳)收　起　(衣哎)

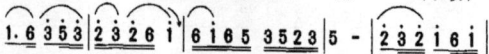

```
1.6 3 53  2326 1  6165  3523  5 -  23 2 1 61
```
是(哎)　清(哎)　明(哎咳哪衣呀呼咳)，姐　姐(那个)
葱(哎)　心(哎)　绿(哎咳哪衣呀呼咳)，妹　妹(那个)
撒(哎)　开(哎)　线(哎咳哪衣呀呼咳)，风　筝(那个)
花(哎)　蝴(哎)　蝶(哎咳哪衣呀呼咳)，蝴　蝶(那个)
花(哎)　蜈(哎)　蚣(哎咳哪衣呀呼咳)，摇　头(那个)
风(哎)　筝(哎)　绳(哎咳哪衣呀 咳)，妹　妹(那个)

```
2 3 2  1 6 5  3 2 35  6 5 6 1  5 53  5 56  7 7 55
```
妹　妹(那个)去(呀)去　踏　青(啊哎哎咳)，捎　　带着
穿　的(那个)石(呀)石　榴　红(啊哎哎咳)，裙　子
飞　上(那个)半(呀)半　悬　空(啊哎哎咳)，正　来的
有　两只活(呀)活　眼　睛(啊哎哎咳)，身　背着
摆　尾(那个)空(呀)空　中　行(啊哎哎咳)，强　似那
背　起(那个)花(呀)花　蜈　蚣(啊哎哎咳)，欢欢　喜喜

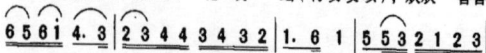

```
6 5 6 1  4. 3  2 3 4  3 4 3 2  1. 6  1  5 53  2123
```
放(哎)风　筝(呀么那衣呀呼咳咳咳)，(哼哎　那衣呀呼
系在腰中(呀么那衣呀呼咳咳咳)，(哼哎　那衣呀呼
好　顺　风(呀么那衣呀呼咳咳咳)，(哼哎　那衣呀呼
一　张　弓(呀么那衣呀呼咳呼咳)，(哼哎　那衣呀呼
出　水的龙(呀么那衣呀呼咳呼咳)，(哼哎　那衣呀呼
回　家　中(呀么那衣呀呼咳咳咳)，(哼哎　那衣呀呼

| 5.3 | 556 | 7765 5 | 65 61 | 4.3 | 2344 3532 | 1 - |

咳呼咳哎咳)捎　带着放(哎)风　筝(么那衣呀呼咳)。
咳呼咳哎咳)裙　子系在腰　中(么那衣呀呼咳)。
咳呼咳哎咳)正　来的好　顺　风(么那衣呀呼咳)。
咳呼咳哎咳)身　背着一　张　弓(么那衣呀呼咳)。
咳呼咳哎咳)强　似那出　水的龙(么那衣呀呼咳)。
咳呼咳哎咳)欢欢　喜喜回　家　中(么那衣呀呼咳)。

　　歌曲采用四二拍节，宫调式，以属音为支持音；速度适中，旋律平稳中有起伏，音域跨越 14 度音程，故显得跳动活跃；其节奏也较稳定从容，从二分音符到 16 分音符，没有悬殊的张弛对比；曲式为一段体，六段歌词唱同一曲谱，每段尾句与次段首句衔接自然，反复咏唱则畅如流水，韵味无穷。

　　这首歌的歌词表现了姐妹二人放风筝的全部过程，我们可以从中了解许多关于放风筝的信息：其一，放风筝选择三月清明的春季，正是风和日丽的日子，放风筝正是踏青活动的组成部分。其二，风筝的制作水平分明可见，姐姐放的是花蝴蝶，上面装饰着"活眼睛"，而且"身背着一张弓"，用来发出如筝一般的声响；妹妹放的是花蜈蚣，蜈蚣在空中摇头摆尾，犹如真龙腾空。可见，即使是两名普通的民间女子，所放的风筝也显示了高超的制作技艺。其

三，从"打开机子来"一句可以得知，放飞工具也是十分
成熟的。从这些信息中可以看出，歌词具有不可忽视的认
识作用。

从歌曲整体看，风格是喜悦轻松、清新优美的，与放风
筝时人们的心境恰相吻合；词和曲均富有乡土气息，大量衬
字的运用，更增强了作品的地方特色。

东北民歌《放风筝》也独具风采：

这里只选了一段歌词，与前面的河北民歌《放风筝》是
相同的，但曲调风格却大异其趣。这首歌采用徵调式，四二
拍节，中速稍快，一段体曲式，情绪热烈泼辣，欢快喧闹，
充分显露出东北地区人民豪爽粗放的性格。

下面再举三例，以飨读者。

放 风 筝

甘肃民歌

1=C 2/4

三月（呀） 里 来 （呀） 是 （呀） 清 （的个）明（呀），
姐姐（呀） 要 放 （呀） 张 （呀） 君 （的个）瑞（呀），
风筝（呀） 起 身 （呀） 由 （呀） 不 得（个）人（呀），
可恨（呀） 老 天 （呀） 刮 （呀） 大 （的个）风（呀），
要得（呀） 见 那 （呀） 风 （呀） 筝 （的个）面（呀），

春 风 吹 得 草 木 生(呀)， 姐妹 放 风
妹 妹 要 放 雀 鸳 鸯(呀)， 照得 满 天
坠 得 奴 家的 手 腕 疼(呀)， 实实的 难 扎
吹 烂了 风 筝 吹 断了 绳(呀)， 闪奴家 一 场
期 等 来 年 三 月 三(呀)， 风 筝 下 了

筝（呀）。 （哎呀哎咳 衣呀） 姐妹 放 风
红（呀）。 （哎呀哎咳 衣呀） 照得 满 天
挣（呀）。 （哎呀哎咳 衣呀） 实实的 难 扎
空（呀）。 （哎呀哎咳 衣呀） 闪奴家 一 场
凡（呀）。 （哎呀哎咳 衣呀） 风 筝 下 了

1234

筝（呀）。
红（呀）。
挣（呀）。
空（呀）。

凡（呀）。

放 风 筝

1=E 4/4

湖南民歌

6̇·5̇ 3̇2̇5̇·1̇ | 6̇·5̇ 3̇2̇5̇ - | 5̇·6̇ 1̇2̇1̇ | 6̇5̇ 3̇2̇5̇ - |
姐 儿 们   闲 无 事   去   放 风 筝。
妈 妈 娘   问 女 儿   你   往 何 方去?

5̇6̇ 1̇2̇1̇ | 3̇6̇5̇ 1̇6̇ | 3̇6̇5̇1̇6̇ 1̇·1̇ | 3̇6̇5̇ 1̇6̇1̇6̇ |
手 拿 一支 篾扎 的 纸糊的 花蝴蝶 飞 蝴 蝶,蝴蝶儿上面画个
女 儿 回信 五里 墩 五里墩前 放风筝。加响铃, 响铃叮 上面画个

3̇·5̇ 1̇6̇503̇ | 203̇ 2̇0 | 23̇ 5̇7̇ 6̇7̇6̇2̇ | 3̇·5̇ 3̇2̇1̇ - |
美 人 图, 放, 放 风 筝(哪)去 散 心。
清 风 亭, 放, 放, 放 至 在 半 霄 云。

3̇23̇ 5̇6̇5̇1̇ | 3̇·5̇ 1̇·2̇ 1̇6̇ 5̇3̇5̇ :‖
(哪哈哪哈衣嗬咳 哪哈衣嗬呼咳, 哪哈衣嗬咳呼咳)

‖: 1̇·2̇ 1̇6̇ 1̇2̇ 1̇6̇ | 1̇·2̇ 1̇6̇ 1̇2̇ 1̇6̇ | X̄ - -03̇ | 203̇ 2̇0 |
哪哈 衣嗬哪 哈衣嗬 哪哈衣 嗬哪哈衣嗬 得 儿   放   放,
放

23̇ 5̇7̇ 6̇7̇6̇2̇ | 3̇·5̇ 3̇2̇1̇ - :‖
风 筝(哪)去 散 心。
放 至 在(哪)半 霄 云。

小 踏 青

1=F 2/2

南通民歌

(领)
2̇·2̇ 23̇ | 1̇ 2̇1̇ 6̇1̇ | 3/4 2̇·3̇ | 5̇5̇6̇ | 6̇1̇6̇ 5̇3̇ |
三 月(的个)初 三 (口来)百(呀)花 (呀) 的

5̇6̇5̇ 3̇2̇1̇ | 2̇·3̇ 1̇2̇ | 3̇·5̇ 3̇2̇ | 5̇·6̇ 5̇6̇ | 1̇2̇5̇ 5̇3̇ 2̇1̇ |
生 (哎)   姐 妹(呀) 双(呀啊) 双(哎咳)海 边
(合)

6̇5̇6̇1̇6̇ | 5̇ - | 2̇·3̇ 5̇6̇3̇ | 5̇2̇ | 3̇5̇ 3̇2̇ | 5̇·6̇ 5̇6̇ |
去· 踏 青。(哎 咳哎 咳)姐 妹(呀)   双(呀啊·)

双(哎咳)捎 带着放 风 筝。姐姐(那个)放 的
（领）

(哎) 六(呀)角(呀 的)灯(哎 哎)，

妹妹(呀) 放(呀啊) 的(哎咳)加响铃，响 叮咚

五音和谐振长 空，七色彩纸花样新，九(哎)九 莲

灯。(哎 咳哎咳)七色(呀) 彩(呀啊)纸(哎)九(哎)
（合）

九 莲 灯。新扎(的个)风 筝 (哎) 手(呀)艺
（领）

(呀 的)精 (哎哎)南通(呀) 风(呀啊)
（合）

筝(哎咳)四海有 名 声。(哎咳哎咳)南通(呀)

风(呀啊)筝(哎咳)四海 有 名 声。
渐慢

这三首歌的旋律各具特色，其共同点是流畅、明快、质朴、乐观。

天津一带的民歌《扎风筝》也称得上别开生面之作，其歌词为：

星儿闪，月儿明，

姑娘在房中扎风筝。

祖辈相传的巧手艺，

一代更比一代精。

风筝要数天津卫，

天津卫的风筝有名声。

姑娘巧手扎风筝，

扎一群鸽子白生生，

黑翅小燕蓝孔雀，

大花蝴蝶红蜻蜓，

再扎一个美猴王，

火眼金睛真逗哏。

　　这首歌与其他同类歌曲的不同之处在于选材独特，它不去唱放风筝的热闹气氛的喜悦情绪，而着力勾画风筝的制作过程。歌词以主人公的姿态称赞了天津地区风筝工艺的精湛技术和历史传统，并罗列了风筝的各种生动形象，使人们体验到美的创造活动本身的价值、意义和乐趣。

　　山东临沂地区的民歌《大放风筝》虽然唱的是放风筝，但对风筝制作的精湛技艺却作了淋漓尽致的描绘：

三月里，是清明，

姊妹五人又去踏青，

捎带着放风筝。

叫一声丫鬟小春红，

你试试刮的什么风；

拴好了定门线，

撒开了风筝绳，

各人放的各人报报名。

大姑娘放的是八仙带着八宝，

大肚子汉钟离手拿那个一把扇儿，

还有那个吕洞宾背的斩仙剑儿，

曹国舅的朝板，

蓝采荷的花篮儿，

张果老神驴跑的这么欢儿，

铁拐李葫芦冒了一股烟儿，

何仙姑的荷花扛在肩，

韩湘子手执着一管百音笛。

又来了个催风的，

他本是南极子，

魁星来献寿，

刘海撒金线，

富贵荣华福寿万万年。

二姑娘，放风筝，

放起灯笼一大串，

飘飘地摇摇地起在了那云端。

（那个）当朝一品灯，和合二仙灯，

三星共照灯，四季发财灯，

五子登科灯，六六大顺灯，

七星北斗八仙过海灯，

九天仙女十全福禄灯。

又来了催风的，

……

蹬出来八个字——

五谷丰登天下太平。

三姑娘，放风筝

放起来小鸡正五对，

有一对花，有一对红，

有一对白，有一对青，
添上对芦花鸡，
五鼓报晓明。
起在了半悬空，
飞到了百花亭，
蹬倒了鸡冠草，
砸了牡丹红。
蹬倒了老来少，
砸了万年青。
又来了催风的，
本是个看花人儿，
就把鸡儿撵，
飞在了半悬空。
闪出了八个字——
花名富贵光耀门庭。

四姑娘，放风筝，
放起来一只花蝴蝶，
说起这蝴蝶，能人扎得精，

蹬子扎得大，肚皮又发青。

受尽那日月精华变幻人形，

不采灵芝草，

单采二八女花容，

惊动了催风的，

本是那南衙相府包老拯，

差着了七侠共五义，

拿住蝴蝶精，

捉着花蝴蝶，

押解汴梁城。

闪出了八个字——

位列三台耀祖荣宗。

五姑娘，放起来金鱼正四对，

有一对大，有一对小，

有一对白，有一对红。

都是那四匹大尾活眼睛。

金鱼扎得巧，银鱼扎得精，

太公钓不去，王祥不能冰。

> 又来了催风的，
>
> 本是个老渔翁，
>
> 将网收拾好，撂在水当中，
>
> 一连数十网，网网是个空，
>
> 渔翁诉苦情，海潮三次升。

这首歌所唱的风筝不但种类繁多，而且施展了很多技巧，铁拐李葫芦冒烟、刘海能撒金钱、风筝上悬挂灯笼、金鱼镶着活眼睛，更令人称奇的是，在放飞过程中，可以忽然闪出字幅，在天空中创造出欢闹而吉祥的气氛。

歌曲是民间艺术中最普及、最受喜爱的形式之一，百姓的生产劳动、衣食起居等生活内容几乎都能在民歌中得到生动的反映。咏唱风筝的歌曲如此之多，风格如此之活泼多样，艺术上如此之精美，实在足以令人大饱耳福。从众多的风筝歌曲中，我们可以窥见人们对风筝的喜爱，窥见人们在风筝身上所倾注的兴趣和热情。换言之，正是由于风筝在人们生活中具有不容忽视的地位，所以才在民歌中留下了如此鲜明的印记。

风筝不但是民歌的生动题材，而且在经典性的民族器乐曲中，也独领风骚，占有一席醒目的地位。

　　我国著名笛子演奏家、江北风格的代表人物冯子存创作的笛子独奏《放风筝》，是不可多得的艺术珍品，该曲在50年代曾风靡乐坛，以其爽朗奔放的艺术风格征服了成千上万的听众，它与《喜相逢》一样，是冯子存的成名之作。

　　《放风筝》以清脆嘹亮的梆笛演奏，筒音作 2。一开始，缓慢而悠扬的旋律，就把我们带入了春天郊外风和日丽的意境之中：

乐曲运用垛音、上滑音、带音等演奏技巧，鲜明地传达出北方人民粗犷的性格，打开第六孔所吹奏出的高音 i 则渲染出高亢的情绪，听众不难想象到一群少年儿童活泼而欢快地提着风筝来到郊外，他们说着笑着，蹦着跳着，沐浴在乍暖犹寒的阳光里。

　　乐曲第二段落描绘儿童们放风筝的情形：

小幅度的音程跳动和从容的节拍，形象而生动地描绘出风筝渐渐升起的过程，吐音技巧的运用更使乐曲趣味横生；在密集的音符中，5与6两个长音的出现显得尤其舒展明亮，我们似乎看到风筝大幅度地向天空飞升，而孩子们的情绪也随之高涨了。然而，在放飞的过程中，却出了小小的意外：

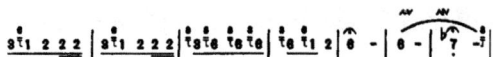

用指飞的技巧奏出了6、2、7三个长长的颤音，先是纯四度下行，继而是小三度下行，连续下行的旋律表现出风弱线软，风筝突然下落的情形，孩子们的心情也随之紧张起来。接着，乐曲仍奏出主题旋律：

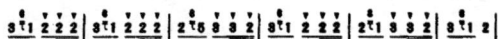

速度逐渐加快，音量由弱渐强，表现出儿童们慢慢扯动线绳，风筝又渐渐升上高空。

第三个段落速度突然放慢，表现孩子们尽兴之后，牵引线绳，收起风筝，高高兴兴地踏上回家的路。游戏结束了，兴致却依然未减。结尾成功地吹奏出这一层意蕴：

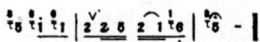

欣赏这一首乐曲，我们可以间接地体验到放风筝的无穷乐趣，风筝在空中自由飘荡的景象，儿童们喜气洋洋、天真烂漫的情态，都融入了纯净流畅的曲调之中，从而诱导我们

作身临其境的联想和体味。

风筝与舞蹈的关系也很密切。上述民歌完全可以配舞表演，而且这种歌舞形式也较常见。专门的风筝舞蹈也有，江西萍乡市民间艺人廖春山曾根据采茶戏《兰桥会》中的片断进行加工改编，创作了女子独舞《放风筝》（又名《风筝舞》）。作品表现了一位天真活泼的少女在阳光明媚的春天到郊外放风筝并与一青年后生邂逅、互生爱慕之情的过程。舞蹈充分发挥了虚拟技巧，演员手中没有风筝道具，舞台上也没出现青年后生，但通过拽线、亮筝、耍筝、追筝等虚拟动作，形象而逼真地展示出风筝徐徐升起、在空中飘荡摇摆的场面，通过眉目传情、羞涩胆怯等神态的刻画，表现出这位情窦初开的少女对爱情的追求和向往。像歌曲《十个大姐放风筝》一样，这一舞蹈作品也将放风筝与爱情糅合在一起，从而增添了许多意味和情趣。

（四）风筝与戏剧、电影

风筝在戏剧艺术中也留下了自己的投影。

以风筝作为戏剧情节发展的线索，较有代表性的例子是元代戏剧家关汉卿的《绯衣梦》和清代戏剧家李渔的《风筝误》。

《绯衣梦》全名《钱大尹智勘绯衣梦》，是一出公案戏。剧情大意：财主王得富原拟将女儿王闰香许配给李荣祖的儿子李庆安，后见李氏家境败落，就托媒人去辞婚；李庆安放风筝时，风筝被王家花园的梧桐树挂住，便跳墙进园取风筝，恰与王闰香相遇，闰香知庆安穷困，就约他晚上来取珠宝作为聘礼；盗贼裴炎夜入王家花园，恰遇闰香的侍女梅香拿着珠宝等待庆安；裴炎杀死梅香夺走珠宝；李庆安来花园取珠宝，却看见梅香尸体，急忙逃离；理刑官贾虚误将李庆安当作凶手；后来，开封府府尹钱可审理此案，他经过一番深入细致的调查，终于明辨了是非曲直，李庆安与王闰香喜结良缘。

《风筝误》被列入"中国十大古典喜剧"之一，是我国戏剧艺术中不可多得的精品。剧情大意：西川讨招使詹武承苦于梅、柳二妾争风吃醋、吵闹不休，赴任之前将家院用高墙隔开；纨绔子弟戚友先清明节想放风筝，遣家僮找书生韩世勋在风筝上作画，韩正感慨人生，遂作一诗于其上；戚公子放风筝时断线，风筝落在柳氏院中，柳氏让才高貌美的女儿淑娟在风筝上和诗一首；戚友先的家僮索还风筝，戚公子正午睡，就把风筝交给了韩生；韩生从和诗中觅到了知音，就另制一风筝，题求爱诗于其上，放飞时故意让风筝落入詹家院中；不料这次却是落在梅氏那一边，梅氏之女爱娟是个貌丑急色的人，她误认为风筝的主人是戚生，为了达到与其结合的目的，就与乳母设计，借淑娟之名约韩生夜间来詹家相会；韩生按时赴会，爱娟急切地与他调情，韩生见她相貌丑陋且不检点，急忙脱身而去；戚友先之父给詹家下了聘礼，让戚生娶爱娟，让好友之子韩生娶淑娟；洞房之夜，戚生以为爱娟就是貌美的淑娟，爱娟以为戚生就是曾经相会的英俊少年，真相大白后，二人闹得不可开交；而韩生以为淑娟就是貌丑急色的爱娟，就再三推辞，直到揭开盖头，才发现面前是一个绝色俏丽佳人，误会解除，皆大欢喜。

在以上两部戏剧作品中，风筝都是作为相爱男女的引线而出现的，由风筝而产生出无穷的恩怨纠葛，并构成作品的情节契机。值得注意的是，《风筝误》中戚生放风筝误落詹家大院是无意之举，而韩生的此举则是有意为之，他的题诗写得明白："飞去残诗不值钱，索来锦句太垂怜；若非彩线风前落，那得红丝月下牵。"这个细节是风筝与爱情亲密关系的又一例证。

以风筝为情节线索的还有粤剧《搜书院》等，这里就不作分析了。

　　风筝与戏剧艺术的关系还从风筝绘制的图像中表现出来，最突出的是戏曲中的人物扮相已成为风筝绘图的重要内容，这类作品既忠实地再现舞台上的人物形象，又巧妙地将人物容纳于风筝独特的结构之中。硬翅类风筝《包拯》以包拯的身躯为纵轴，双翅按左右对称设计了海水和红日的图案，左侧书"铁面无私"，右侧书"公正廉明"，整体轮廓线条鲜明，大方稳定。有些风筝只绘脸谱，亦自具特色。

　　风筝在电影艺术中也得到了表现，那就是彩色儿童故事片《风筝》。

　　《风筝》由北京电影制片厂、法国加郎斯艺术制片公司于1958年联合摄制，编剧王家乙、罗歇·比果，导演王家乙、罗歇·比果。

　　剧情梗概：巴黎儿童比埃罗、他的妹妹尼戈尔、贝贝尔偶然发现一只从天上掉落下来的风筝，上面绘制着孙悟空的生动形象，风筝上还附了一封信；比埃罗找到了一位中国古玩店的老板，让他翻译这封信，原来风筝的主人是北京的宋小清，他在信中要求收到风筝和信的人回信并做他的朋友；风筝是放到空中而后飘飞到法国的；比埃罗很高兴与宋小清交朋友,但贝贝尔与比埃罗发生了争执,并抢走了回信地址;夜里,比埃罗做了一个奇妙的梦,他梦见风筝上的孙悟空复活了,并帮助比埃罗和他的妹妹尼戈尔来到北京,见到了宋小清,他们一见如故,交上了朋友;醒来后,恰好贝贝尔登门向他道歉,归还了地址;于是,他们一起给宋小清写了一封信;他们还另外写了一封信,拴在风筝上,然后放飞,希望借此从异国异地寻找朋友。

影片揭示了少年儿童渴望获得友谊的纯洁心理,而友谊的建立是以风筝为引线的。从情节看,风筝同样构成了事件的线索,使作品在结构上连贯统一。从艺术手法上看,作品把梦幻与现实相糅和,将不同国度的文化风情相交织,使整个艺术画面显得格外清新明丽,富有诗意,从而有力地突现出广大少年对友谊与和平的向往。

影片中的比埃罗由派特里克·巴尔迪纳扮演,尼戈尔由茜尔维耶娜·罗森堡扮演,贝贝尔由契利·齐曼斯基扮演,古玩店老板由谢添扮演。这是我国第一部中外合拍影片,曾获 1958 年捷克斯洛伐克卡罗维·法利国际电影节荣誉奖,同年又获意大利第 19 届威尼斯国际电影节圣·乔治奖。

风筝与绘画、文学、音乐、舞蹈、戏剧、电影之间,都存在着密切的联系，一方面，风筝作为这些艺术的题材而丰富着它们的内容，另一方面，这些艺术也借助人们赋予风筝的种种寓意而引发出特定的主题。风筝给艺术提供了营养，艺术则深化着风筝的文化内涵，二者相互影响，相互推动，共同开出芬芳绚丽的花朵。

七、风筝走向世界

（一）风筝在海外

风筝是何时走出国门的？

英国科学史家李约瑟编写的《中国科学技术史》中，罗列了中国人的发明从公元 1 世纪到 18 世纪先后传到欧洲和其他地区的 26 种项目①，其中第 13 种项目就是风筝。该书还认为，西方出现风筝落后于中国的时间大约为 12 个世纪。据说，13 世纪，意大利人马可·波罗从中国返回欧洲时带去了风筝。有人认为，早在北宋年间，风筝就传到欧洲了，传入周围邻国的时间就更早，大约在公元 8 世纪的中唐时期。但朝鲜的

---

① 项目数字以英文字母顺序排列，因字母只有 26 个，故只列 26 项，实际上要多得多。

《三国史记》的一项记载又将这一时间推早了一个世纪：公元647年（这正是唐太宗贞观年间），发生了毗县廉宗的叛乱，金庚信将军受真德女王之命讨伐叛军；一日有巨星陨落在宫城边，人们以为灾难即将降临；金庚信心生一计，于夜间放起风筝，挂上燃烧物，宣传巨星又返回了天空，借此稳定人心；后来果然平定了叛乱。从这段记载看，风筝可以悬挂燃烧物，其制作和放飞水平已相当高了，这是风筝的实际应用，风筝传入朝鲜的时间必定要更早一些。据日本《国民百科事典》载：公元794（平安时代），中国风筝传入日本，比传入朝鲜的时间晚了一个半世纪。法国远东学校考古学家乔治·塞戴斯曾在柬埔寨发现一块公元971年的石碑，石碑上记载着皇家风筝节仪式和各种奖品，包括金、银、铜、象牙、盘子、乐器和5只风筝。柬埔寨有了皇家风筝节，必定是在风筝广为流传之后，那么，风筝由中国传入柬埔寨的时间，大约与传入北方邻国的时间相近。

　　风筝迈出国门以后，在东方国家和西方国家呈现出两种不同的走向：在东方国家，风筝更倾向于在现实生活的审美领域中展示自身，成为人们丰富生活、美化生活的娱乐品；在西方国家，风筝则更多地在科技领域中做出贡献，科学家们利用风筝对大自然进行了多方面的试验和研究，并取得了可喜的成果。

无论是东方的尚美，还是西方的求真，都有益于现实，有益于社会，也就是达到了向善的效果。

1. 风筝在生活领域

东方各国由于跟中国的文化渊源有着千丝万缕的联系，在风筝方面所形成的习俗也有许多相似之处。

朝鲜将正月十五日当作风筝的节日，称为"鸢日"。这天，人们在风筝上写下自己的姓名、出生年月日，并在风筝尾部写上"消灾降福"一类祝词，然后把风筝放掉。这一习俗颇类似于中国民间的"放晦气"。朝鲜也有斗风筝的游戏，风筝线相绞，断者为输，这与中国南宋周密在《武林旧事》中所记载的"竞纵纸鸢，以相勾引，相牵剪截，以绝线者为负"的习俗是一脉相承的。朝鲜民间也将风筝与爱情视为"同构"关系，一首广为流传的歌谣唱道：

> 汉城的仕子放风筝，
>
> 飞到那高峰的顶端。
>
> 呵！闺房中的少女，
>
> 为何不出来看清楚，

　　　　　　绳子的拉扯多缠绵。

　　风筝于 8 世纪末传入日本，大约到江户时代（1603—1867
年）已广泛流传。日文汉字中的"凧"字即源出于中国的
"斾（pèi）"字，"斾"又写作"旆"，是古时末端状如燕尾的
旗子。"方"为汉字中表示旗帜的义符；市为飘带，巾为头巾，
"斾"与"旆"同字异体，都是风巾之意，将"风"、"巾"合
一，即为"凧"字。有人考证，凧即最初的布制风筝。除
"凧"外，日本还用"天旗"、"鸢"、"鹰"等来称呼风筝。

　　17 世纪中，德川幕府曾多次下令禁止随意放风筝，只准
在端午节、中元节放飞，且必须由成人操纵；但终于禁而未
止，到江户末期，放风筝活动在儿童中也广为流行。明治时
代（1868—1912 年），日本风筝发展得相当成熟，装饰十分精
巧。当今，放风筝活动更为普遍，据统计，日本每四个家庭
就买一只风筝。日本风筝种类繁多，大约有 300 余种。

　　日本人放风筝，也带有祈求福祥的含义，这与中国人的
传统观念是一致的：日本也有斗风筝的习俗，用一种菱形风
筝，在上面粘一些玻璃片，通过对放飞线的操纵，将别人的
风筝击落。日本人也赋予风筝以爱情的意义，青年男女通过
放风筝活动聚集在一起，以建立美满姻缘。日本民间流传着

这样一个故事:一对青年男女相爱,当地的财主想将他们拆散,他利用小伙子远出的机会把姑娘抢到手,锁在屋子里。聪明的姑娘用绸缎做成99只风筝,放了出去,远方的小伙子看到风筝,急忙赶回,救出了心上人。

日本于60年代成立了"日本风筝之会",会址设在东京,并建立了风筝博物馆,各地风筝协会经常组织风筝比赛,风筝活动十分频繁热闹。日本《健力七记录大全》中记载:一位纳川县镰仓市的60多岁的老人浅羽放起了由5 580个小风筝组成的大风筝,观者无不称奇。

印度、泰国、印度尼西亚、马来西亚等国家的民间,放风筝活动都很流行,而且都包含着通过这项活动祈求神灵护佑、祛除灾祸的动机,同时,也将风筝当作情侣们交流情感的媒介。有趣的是,泰国风筝有男女之别,男性风筝称"鸟筝",女性风筝称"鱼筝"。在马来西亚,则有斗风筝的游戏。

从中国的邻近国家放风筝的习俗,我们不难发现中国民俗对这些国家的影响,当然,这些国家的人民都属于东方民族,在文化传统基因方面有着共同的基础和深刻的内在联系。

2. 风筝在科技领域

1749年,英国哥拉斯葛大学天文学家亚历山大·威尔逊在苏格兰的格姆拉奇作了一次试验：他用六只相连的风筝当运载工具，把一些仪器送上天空，测量风力、温度、湿度，这次风筝放飞高度为 915 米。

1752 年 6 月，美国科学家本杰明·富兰克林在费城郊外的科罗拉多山上作了吸取天电的实验。他用金属线作风筝线，乘雷电交加之际将风筝送上天空，空中电流顺风筝线传下来，从而揭开了雷电的奥秘。他以一块大丝绸方帕做成风筝，在风筝尾绳木棒上固定一根金属针，将金属风筝线引进屋子里与玻璃瓶中的金属相连接，当天空闪电打雷时，雷电便沿着金属线导向玻璃瓶进行充电，金属电极就闪光，由此证明雷电与电灯的电一样，有"电物质"。这就是世界科学史上有名的"费城实验"。

在富兰克林之后，瑞士科学家克兰特重复了这项实验，并且从空中引下了约 1 米长的闪电。

18 世纪下半叶，英国人乔治·凯利进行关于风筝形体的实验，探讨空气中的力学原理，其研究成果为航空技术理论奠定了基础。1804 年，乔治·凯利制作了一个类似风筝的飞行器模型，他用一只纸制风筝和两块呈直角相交的平面卡片，分别固定在一根木杆的中部和尾部，使风筝前部翘起，试飞时非常平稳。后来他对飞行器作了不断改进，终于在 1853 年，他亲自操纵飞行器试飞，飞行器以马车作动力，起飞后作滑翔运动。

1826 年，英国人约翰·波卡特的一项发明获得了专利，那是一种以风筝为牵引力的车，时速可达 32 公里，车上可以乘坐四五个人。

1844 年，瑞士博士克兰特用风筝将一个偶人放在一把椅子上，上面装上一把伞，利用伞的升力将偶人顺风筝线送上天空。

1847 年，美国纽约州青年霍曼·沃尔什在美国与加拿大交界的尼亚加拉瀑布下游放起风筝，风筝越过 240 多米宽的峡谷降落到加拿大境内。人们受到启发，用风筝传递绳索、钢缆，后来又用这个方法在美国与加拿大之间建造起世界上第一座铁路吊桥。

1854 年，法国博士希尔·拉威尔在第戎进行了一次带有冒险性质的试验：在一个面积为 16 平方米的风筝尾部挂一张木椅，让一个 11 岁的孩子坐上去，将风筝放飞到 10 米高的空中，然后安全降落。

1857 年，法国海军大将布里斯制作了一架滑翔机，采用放风筝的方法起飞，直到风筝线放完后才降落下来。

1886 年，法国的梅由进行了风筝载物的试验，把将近 70 公斤的沙袋送上 10 米高的空中，后来又用更大的风筝将 270 公斤的重物吊离地面，再后来又设计了载人风筝，用于军事，命名为"法国箱形风筝"。

1873—1876 年间，俄国的海军军官莫扎伊斯基多次进行风筝载人试验，他乘坐在自制的特大风筝上，由马车拉着风筝起飞，马车在公路上飞奔，莫扎伊斯基在空中观察、记录着升力与迎角的关系。他的试验基本上每次都取得了成功。

1890 年前后，科学家们利用风筝进行空中摄影，拍摄大地和天空中的云层，借此获得科学资料。

1893 年，澳大利亚人劳伦斯·哈格立佛设计制作了一种盒形风筝，这种风筝具有较大的升力和良好的稳定性，有人认为，从飞行原理上讲，盒式风筝对飞机的发明起了直接的、重要的作用，它是"盒形机翼"的前身，而盒形机翼一度为许多国家所采用。

1894 年，英国的巴顿·波维尔用风筝将一名士兵送上天空，后来，在英国航空协会表演时，波维尔把自己送上 30 米高的空中。

1897 年，美国陆军上尉维斯用风筝把自己送上 12 米高的空中，在空中停留了 5 分钟之久。

1896 年，美国人郎森改变了以往把人放在风筝下面的做法，他创造了一种双翼式风筝，把人放在风筝里面；次年 6 月，他乘坐这种风筝在高 15 米的空中逗留了半个小时。

1899 年，美国的莱特兄弟（威尔伯·莱特和奥维尔·莱特）制造了一只双身风筝，并进行了扭转翅翼的试验；1900 年，他们制造了一只滑翔机，经过了近千次试飞，终于在 1903 年制造出世界上第一架以内燃机作动力的"飞行者一号"，是年 12 月 17 日，这架飞机在美国北卡罗来纳州的基蒂霍克试飞成功，飞行距离为 260 米，飞行时间为 59 秒。莱特兄弟因此获得了"飞机之父"的称号。

1901 年 12 月 12 日意大利人科罗埃蒙·马克尼进行了无线电信号传送试验，他从英国向美国纽约和欧洲的芬兰拍发，但试验中突然风暴大作，刮断了天线，马克尼灵机一动，把一只风筝放到 120 米高的空中，用来代替天线，保证了试验的顺利进行，远距离发报获得了成功。

1907 年，美国人科迪用一只巨大的风筝将一艘航船拖过了英吉利海峡，轰动了欧洲。

1911 年，美国海军用天空的风筝练习射击，以摸索射击敌机的有效方法。

第二次世界大战期间，法西斯和反法西斯双方都运用风筝侦察敌情。美国还用风筝组成防线。他们把大量风筝用 600 米的铁丝放到空中，每只风筝上都装有许多铁丝垂线，这些风筝足以破坏敌机的机翼或螺旋桨；有时还在风筝上悬挂炸弹。英国还在风筝上安装振动炸弹，敌机接近风筝时，飞机所引起的空气振动即可使炸弹爆炸。

今天，科学技术高度发达，风筝曾经发挥过的种种功用已被各种更为先进的仪器和方法取代。但人们永远不会忘记风筝在人类文明史上的重要地位。华盛顿美国国家航空博物馆中赫然写着："人类最早的飞行器是中国的风筝和火箭。"风筝是飞机的先驱，这已是公认的事实；甚至有人认为，阿波罗飞船登月成功，是从风筝开始的。

风筝的历史功绩，大哉伟矣！

随着社会的发展，风筝作为科技工具已经完成了自己的历史使命，如今，西方国家的风筝也已经是娱乐工具和审美对象了。不过，历史的基因总会顽强地影响着事物的发展，这种痕迹我们仍能通过各种现象有所发现，有所觉察。西方风筝几何图形造型比东方风筝要多，而几何图形造型是靠近数学的，是对现实的抽象，与模仿飞禽走兽的风筝在思路上是不同的。西方风筝较多地利用新技术和新材料，比如荷兰制作了世界上最大的风筝，即充气风筝，充气后比篮球场还要大，这种风筝用尼龙绸为材料；英国从 20 世纪 70 年代就用玻璃钢和尼龙制品为材料来制作风筝，成串的风筝可放飞到9 740米高的空中；美国人则发明了软体风筝、三角伞翼风筝等等：所有这些，都是西方国家重科技的传统在风筝领域中打下的烙印。

更有趣味的是，西方学者在进行理论研究时，也未能忘记用风筝的外形特征来说明抽象的原理。1973 年，传播学理论家麦克劳德和查菲提出了"互向法"，其特征是注重人际传播或群体间传播，即注重双向和相互作用的传播，亦即注重传播环境的动态性。1980 年 3 月，风筝互向模式在瑞典被提出，这个图式（图 8）很像一只造型简单的板子类风筝，七个"X"呈弯曲状恰似风筝尾部的飘带或长穗。图中"精英阶层"通常指一个单方面的政治利益集团；"公众"指受到影响的有关人士，也指受众；"媒介"代表处理公共事务的编辑、记者、新闻工作者等等；"各种问题"是指公众有争议的事情，用一组"X"表示。这个图式不同于传播学理论家拉斯韦尔的单向传播模式，拉斯韦尔曾以下面的图式来描述传播过程：

| 谁
传播者 | → | 说什么
信息 | → | 通过什
么渠道
媒介 | → | 谁
接收者 | → | 取得什
么效果
效果 |

用英语一句话表示为："Who Says What in Which Channel to Whom With What Effects"（谁，说了什么，通过什么渠道，对谁，取得什么效果），这便是有名的"五W模式"。该图式把传播视为从传播者向受众传递信息的单向过程，从理论上讲是不完全的，它忽略了诸多社会要素的关系，也忽略了传播的反馈要素，因此许多传播学研究者对拉斯韦尔的理论进

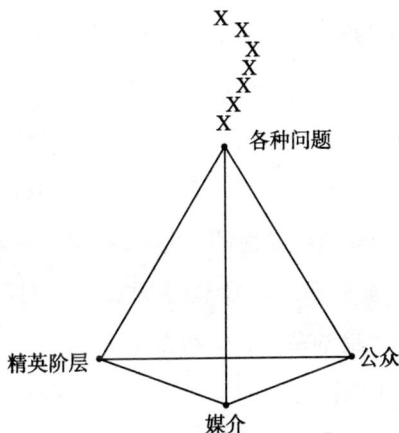

图8　风筝互向模式

行了补充和发展。风筝互向模式的长处在于，它申明了这样的事实：一个动态环境产生的结果将取决于公众与特定精英阶层的相互关系，取决于公众对媒介的态度，并且取决于信源与媒介渠道的关系。精英阶层与公众对各种问题的感知差异，可能成为一种压力，导致人们试图从媒介或其他来源去获得信息。这样，无论是精英阶层，还是公众，都成了活跃的、自主的、积极的因素，从而影响着整个传播流程。

（二）国际风筝会

风筝竞赛活动，至迟在南宋时期就已出现。周密《武林旧事》中谈到了临安（杭州）西湖断桥一带放风筝的情景时写道："桥上少年郎，竞纵纸鸢，以相钩牵剪截，以线绝者为负。"这种竞赛是自发的游戏，还是有组织的群体活动？难下断语，但周三、吕偏头两位风筝竞技能手的姓名留了下来，因此，当时很可能出现了有组织的风筝比赛。

清人潘荣陛《帝京岁时纪胜》载："清明扫墓，倾城男女，纷出四郊，提酌挈盒，轮毂相望。各携纸鸢线轴，祭扫毕，即于坟前施放较胜。"

清末新闻画家吴友如曾绘上海张园春日风筝会的场面，

本书在"风筝与艺术"一节中已经谈到,从画面和题词看,这种风筝会似不属竞赛活动,但却是有组织的集会活动,"故园主人拟设一风筝会,藉以招徕裙履逐队遨游也"。

1915年,为庆祝巴拿马运河凿成,在巴拿马举行了万国博览会,中国的哈氏风筝、魏氏风筝获得了金、银质奖章。

最具有历史意义的是80年代的三件大事:第一件是潍坊市人民政府根据美国西雅图风筝协会主席大卫·切克列等国际友人的建议,于1984年4月举办了潍坊国际风筝会;第二件是1988年4月,第五届国际风筝会上,潍坊被各国主席团代表推举为世界风筝都;第三件,1989年4月,国际风筝联合会正式成立,总部设在潍坊。

这三件事表明,中国风筝不但已经走向世界,而且在总体水平上具有了独领风骚的资格,这一资格受到了全世界的承认。

这是潍坊人民的骄傲,更是中华民族的骄傲。

一年一度的国际风筝会的盛况,通过报纸、广播、电视传向全世界的各个角落,成为家喻户晓的文化信息。

国际风筝会激励着全世界风筝艺人,催促他们再接再厉、一步步向更高的水平攀登;国际风筝会是经济的催化剂,推动了世界范围内的贸易活动，并且使潍坊市的经济与风筝一起腾飞；国际风筝会是友谊的桥梁，将世界各地人民的心相连接，相沟通；国际风筝会促进了表演艺术的交流和发展，开幕式的歌舞表演、来自全国各地的歌星、舞星、笑星一展风采，艺术传播和艺术接受就在这些活动中取得了高度的统一。

潍坊因风筝和风筝会而蜚声中外，这恐怕是许多人始料所不及的，然而，这又是确凿无疑的事实。当代诗人柯原的诗作《长翅膀的城市》道出了潍坊举足轻重的地位：

> 这是一座长翅膀的城市，
> 潍坊，在天上。
> 年年风筝盛会，
> 四海宾朋乘风相聚，
> 携来五洲春光。
> 花鸟鱼虫，游弋翱翔，
> 道道虹霓，缕缕霞光，
> 一次蓝天演出会，
> 一座云中比赛场。
> 飞呵，长着翅膀的节日，

潍坊，在天上。

年年，这儿的使者，
乘白云飞过重洋。
鲜花开在欧洲河流的上空，
彩雀飞在美洲森林的上空，
虹桥搭在非洲草原的上空，
呼唤着友谊与爱，
编织着和平的乐章。
飞呵，长着翅膀的问候，
潍坊，在天上。

（三）潍坊风筝博物馆

人类的历史是壮阔的、辉煌的，是轰轰烈烈的、滚滚向前的。

人类的历史是由人的行为构成的。

人的行为是转瞬即逝的，这是不容置疑然而又是无可奈何的事实。

"大江东去，浪淘尽千古风流人物。"开豪放词先河的苏轼曾抒发出由衷的感慨。

然而，人毕竟通过行为在客观世界打下自己意志的印记，留下了自己的足迹。"在劳动者方面曾以动的形式表现出来的东西，现在在产品方面作为静的属性，以存在的形式表现出来。"（马克思语）

风筝艺人制作风筝的种种劳动，最终积淀在风筝这种产品之中；人类关于风筝的种种活动（包括制作、放飞、比赛、风筝会、奖励、著作等），则凝冻在风筝博物馆的各个展室中。

风筝博物馆是风筝动态发展历史的静态再现，尽管并不是完全的再现。

潍坊市风筝博物馆是世界上最大的专业性风筝博物馆。

潍坊风筝博物馆于 1989 年 4 月建成，坐落在潍坊白浪河东岸。全馆占地 1.3 公顷，建筑面积为 8 100 平方米，其整体风格是仿古式的，以蓝色琉璃瓦屋顶象征蓝天，以白色马赛克墙壁象征白云，屋脊是向下弯曲的，很像悬挂着的龙头蜈蚣风筝，昂首，屈身，振尾，一副英姿勃勃的神态。

馆内现珍藏中外风筝约 2 千余件，均系风筝精品，其中潍坊风筝近千件；有关文化资料约 1 500 余件，堪称由实物、照片、文字汇成的"风筝小百科全书"。

　　潍坊风筝博物馆共分四个展室。第一展室中有风筝起源及发展的资料、国际风筝会的有关资料和一些风筝精品，其中包括《海市蜃楼》、《仙鹤童子》、《吹箫引凤》、《童子祝寿图》等代表作。第二展室有关于风筝都诞生、国际风筝联合会的有关资料（文字说明、照片、纪念牌、纪念旗等），风筝实物则是外国的精品，其中以日本的"龙"字风筝和脸谱风筝、瑞典的火柴盒风筝、美国的双线三角风筝、英国的星辰风筝、荷兰的风车风筝等作品最为醒目，这一展室还有国外关于风筝的报纸、书籍、挂历等。第三展室介绍中国风筝的种类，风筝实物极为丰富，大致分为筒形风筝、板子风筝、软翅风筝、硬翅风筝、串式风筝五种类型。在展室中间的展柜里，有风筝的竹骨架和一些风筝精品。第四展室中有自第一届至第十二届潍坊国际风筝会的各种宣传材料、风筝杂志、专著、请柬、幻灯片、纪念瓶、奖状、奖品，同时展出各种类型的风筝代表作品。

　　在潍坊风筝博物馆的门厅，我们可以看到江泽民总书记的一段话：

　　　　这几年来，各地方利用文化和经济活动结合进行对外宣传，如潍坊的国际风筝会、自贡的恐龙灯会等，也

　　是成功的。

然后是李鹏总理于1993年4月的题词：

　　　　弘扬风筝文化，

　　　　发展潍坊经济。

两只龙头蜈蚣风筝自门厅中央分别顺走廊一直延伸到两侧尽头，走廊的橱窗内外也陈列着色彩斑斓的风筝、各届风筝会放飞的照片等。

　　潍坊风筝博物馆不仅是潍坊和中国，而且是全世界风筝资料的宝库。

　　中国的风筝走向了世界，世界风筝的精品汇聚在中国潍坊风筝博物馆，这种文化回流运动意味着什么呢？

　　它似在向世人宣告：在风筝领域里，中国曾经蜡梅报春，催得群芳烂漫；如今依然统领风骚，引得百鸟朝凤。